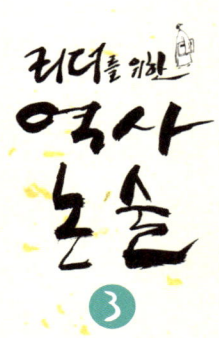

2018년 7월 2일 증보 개정판 1쇄 펴냄

지은이 조승덕 · 강정남
그린이 우덕환
사진 서찬석 · 국립중앙박물관 · 문화재청
디자인 김현일 · 천람경
마케팅 김태준 · 김경옥
펴낸이 박우현
펴낸곳 로직아이
등록 제 307-2011-58호
주소 서울시 마포구 동교로 23길 4(동교동 201-19) 3층
전화 (02)747-1577
팩스 (02)747-1599
인쇄 JK프린팅

ⓒ이주l로직아이
※ 글과 사진의 무단 복제와 전재를 금합니다.
※ 잘못된 책은 바꿔 드립니다.

ISBN 978-89-94443-77-5

리더를 위한 역사 논술 ③

조선의 건국부터 임진왜란과
효종의 북벌 정책까지

㈜로직아이

머리말

역사는 무조건 외우는 암기과목이 아니에요. 역사는 돌무더기나 기와 조각 같은 몇 가지 단서들(기록물, 유물, 유적)을 가지고 상상력을 발휘하여 퍼즐 조각을 맞춰 나가는 활동입니다. 우리는 그것들과 대화하면서 옛 조상들뿐만 아니라 그 시대의 생활 모습과 문화를 이해하지요. 그래서 역사는 추리 소설과 비슷해요. 역사가 재미있는 이유도 바로 여기에 있습니다.

몇 년 전에 일곱 명의 선생님이 역사 논술 교재를 만들기 위해 모였습니다. 선사 시대부터 현대까지 우리나라 역사를 재미있게 배우고 가르칠 수 있는 역사 논술 교재를 만들기로 합의했지요. 세 분은 선사 시대부터 고려 시대까지의 역사를 맡기로 하고, 두 분은 조선 시대, 다른 두 분은 조선 시대 후반기인 외세의 침입부터 현대까지의 역사를 맡기로 했어요. 원칙은 다섯 가지였습니다.

첫째, 초등학생들도 재미있게 할 수 있는 교재여야 한다.

초등학교 시절에 역사를 재미있게 배워야 중·고등학교에 가서도 역사의 향기를 좋아할 테니까요.

둘째, 어떤 역사책을 읽고 수업하든 상관없는 교재로 만들어야 한다.

심지어 선생님이나 학부모가 역사에 대해 잘 안다면 이 교재만으로도 수업할 수 있습니다. 역사적인 사실은 세월이 가도 변하지 않으니까요. 모든 역사책은 기본이 같아요. 따라서 이 교재로 수업을 할 때는 다른 한국사 책을 읽고 수업하면 많은 도움을 받을 수 있을 거예요. 〈리더를 위한 역사논술 3 - 조선의 건국부터 임진왜란과 효종의 북벌 정책까지〉는 〈리더를 위한 한국사 만화 3 - 조선 시대사 1〉이 많은 도움이 될 겁니다.

셋째, 우리나라 역사의 흐름을 쉽게 알 수 있어야 한다.

이 교재는 단순한 문제 풀이가 아니라 우리나라의 역사 이해라는 목적을 가지고 있어요. 역사는 연표 외우기보다는 전체의 흐름을 이해하는 것이 중요합니다. 역사가 너무 단순하거나 어려우면 아이들이 역사 전체를 싫어할 수 있거든요. 역사가 쉽고 재미있어야 학생들의 지식도 깊어질 수 있습니다.

03 아름다운 아침의 나라, 조선

재미가 솔솔! 역사 속으로   34

〈농사직설〉을 광고해 보세요.
어떻게 판단해야 하는가?
이순신 장군의 전투
길동이의 힘, 의병

생각이 쑥쑥! 나도 역사가   38

조선의 인물과 놀이 문화
나는 누구일까요?
4대 사화
의정부 서사제와 6조 직계제
붕당 정치의 발단
광해군의 중립 외교
삼전도의 굴욕과 북벌 정책

마음에 꼭꼭! 되돌아보기   46

조선의 마인드맵 | 역사적인 인물
역사적인 사건 | 조선의 향기
역사 낱말 풀이!

"모든 역사는 현대사이다."

− 크로체(Benedetto Croce) −

학습 목표

1. 조선의 건국 과정과 한양 도성에 반영된 유교적 특징을 알 수 있다.
2. 조선 시대에 발달한 과학 기술로 인해 백성들의 생활 모습이 어떻게 달라졌는지 알 수 있다.
3. 의식주 생활을 통해 양반, 중인, 상민, 천민의 신분별 특징을 알 수 있다.
4. 조선 시대 왕들의 업적을 알 수 있다.
5. 다른 나라의 침략을 극복해 가는 과정을 살펴보고, 오늘날 우리에게 주는 교훈을 알 수 있다.

03

아름다운 아침의 나라, 조선

길라잡이 책소개
〈리더를 위한 한국사 만화 3 – 조선 시대사 1〉

김득신-반상도

여러분, 아름다운 아침의 나라 조선으로 여행을 떠나 볼까요?

위에 있는 그림은 누가 그렸을까요? 조선 시대 화가 김득신이에요. 그런데 이 그림 속에서 이상한 점을 발견한 친구가 있나요? 네? 어른이 어른에게 허리를 굽혀 인사를 한다고요? 그래요. 참 이상하네요. 왜 어른이 어른에게 허리를 굽혀 코가 땅에 닿도록 인사를 할까요? 조선에는 뭔가 특별한 일이 일어났을 것 같다구요? 우리 함께 조선으로 여행을 떠나 볼까요?

한눈에 쏙쏙! 시대 엿보기

한눈에 쏙쏙! 시대 엿보기

조선 건국부터 병자호란까지의 연표입니다. 빈칸에 알맞은 말을 채워 넣으세요.

이성계의 위화도 회군
☐년

조선 건국
☐년

성종의 경국대전 완성
☐년

훈민정음 반포
☐년

☐, 갑자, ☐, ☐ 사화 발생
1498년, 1504년
1519년, 1545년

☐ 발발
이순신 장군의 한산도 대첩
1592년

권율 장군의 ☐ 대첩
1593년

머리에 솔솔! 역사 상식 1

  우리나라 화폐와 조선 빈칸에 알맞은 말을 써 보세요.

1 오만 원 지폐

① 인물은 누구인가요?

② 무엇으로 유명한가요?

2 만 원 지폐

① 인물은 누구인가요?

② 무엇으로 유명한가요?

3 오천 원 지폐

① 인물은 누구인가요?

② 무엇으로 유명한가요?

4 천 원 지폐

① 인물은 누구인가요?

② 무엇으로 유명한가요?

5 백 원 동전

① 인물은 누구인가요?

② 무엇으로 유명한가요?

사대문과 한양 천도

동대문, 남대문은 일제 강점기부터 부르던 이름입니다. 한양으로 들어오는 4대문의 원래 이름에는 유교의 정신이 담겨 있습니다. 4대문의 본래 이름을 써 보고, 지도에서 4대문을 찾아 ○ 표시를 해 보세요.

본래 이름	일제 강점기 이름	이름에 담긴 뜻
	동대문	동쪽에 인을 드높이자.
	서대문	서쪽에 의를 돈독히 하자.
	남대문	남쪽에 예를 받들자.
	북대문	북쪽에 지를 넓히자.
	보신각	널리 믿게 하자.

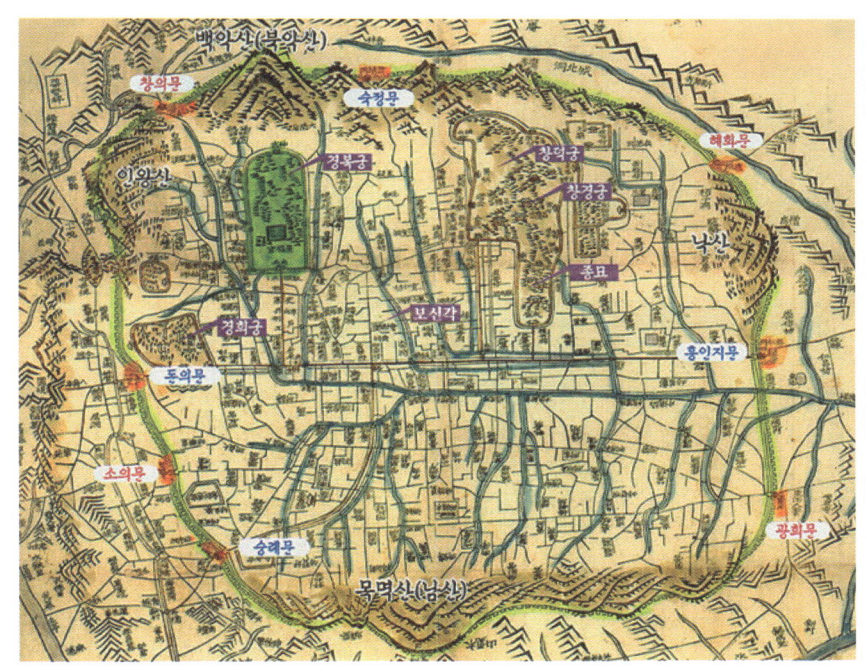

○ 수도를 개경(지금의 개성)에서 한양(지금의 서울)으로 옮겼을 때의 장단점에는 어떤 것이 있을까요?

장점

단점

 머리에 술술! 역사 상식 1

고려 말 조선 초기 인물

1 고려 후기에 벼슬이 높고 권력이 있던 집안을 무엇이라고 하나요?

2 고려 말에 이성계와 뜻을 같이한 정도전, 조준과 같은 사람들을 무엇이라고 하나요?

3 이성계와 뜻을 같이한 정도전, 조준과 같은 사람들은 원나라와 명나라에 대해 어떤 생각을 가지고 있었나요?

4 조선 시대 왕과 업적(또는 당시의 사건)을 알맞게 연결해 보세요.

 태조    태종    세종    세조

| 한양 천도, 위화도 회군, 정도전 등용 | 훈민정음 창제, 집현전 설치와 국토 확장, 의정부 서사제 | 계유정난, 의정부 서사제에서 육조 직계제로 바꿈, 삼사(사헌부, 사간원, 홍문관) 성립 | 호패법 실시와 사병 혁파 그리고 의정부 설치와 숭유억불(崇儒抑佛) 정책 실시 |

조선 초기의 왕과 업적

5 세조 때 공을 세웠던 사람들로 오랫동안 왕을 보필하던 사람들과 그 이후 향촌 중소 지주로서 유교 경서에 능통한 새로운 관리들을 각각 무엇이라고 부르나요?

------------------------------------ ------------------------------------

6 조선 시대 왕들입니다. 알맞은 업적이나 그 당시 발생한 사건의 번호를 써 보세요.

 성종

 연산군

 중종

 명종

 선조

 광해군

 인조

 효종

① 중립 외교를 펼침.

② 북벌 정책을 추진함.

③ 을사사화와 임꺽정의 등장

④ 조광조의 개혁과 기묘사화.

⑤ 최초의 사화인 무오사화와 갑자사화.

⑥ 이괄의 난, 정묘호란과 병자호란, 반정.

⑦ 훈구파와 사림파의 대립, 경국대전 완성. 의정부 서사제로 돌아감.

⑧ 붕당 정치의 시작, 임진왜란을 당하고, 한성(서울)을 버리고 도망감.

 머리에 술술! 역사 상식 1

 조선 8도 조선 8도는 어느 왕 때 정했을까요?

○ 조선의 행정 구역은 수도인 한성을 중심으로 8도를 표시해 보세요.

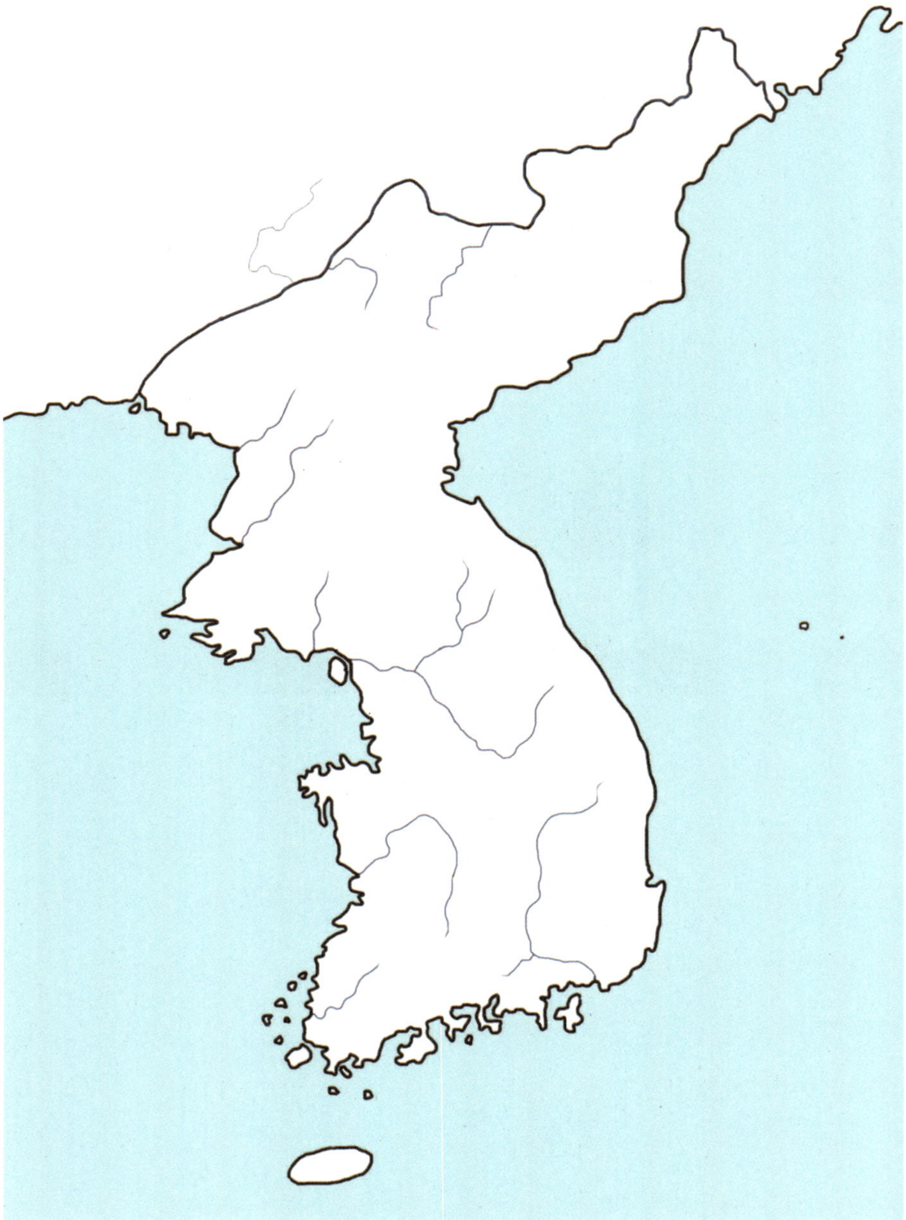

🌿 **사군과 육진** 세종 때 북쪽에 확보한 사군과 육진을 표시하고 각각 어떤 사람의 업적인지 적어 보세요.

사군을 개척한 인물	〇

육진을 개척한 인물	〇

머리에 쏙쏙! 역사 상식 1

조선의 기술과 신분 제도 조선 시대의 발달된 과학기술에 대한 설명입니다. 다음 설명에 알맞은 기구와 책 이름을 첫소리를 참고하여 써 보세요.

설명	첫소리
중국의 역법을 참고하여 조선에 맞게 만든 천문 서적.	ㅊ ㅈ ㅅ
물의 양이 변함에 따라 시간을 측정하는 장치로 일정한 시각이 되면 종과 북, 징이 자동으로 울려 시간을 알려 주는 기구.	ㅈ ㄱ ㄹ
청동으로 만든 솥 모양의 반구에 침을 세워 두고, 햇빛을 받은 침의 그림자가 바닥에 비친 위치와 길이로 시각과 절기를 나타내는 기구.	ㅇ ㅂ ㅇ ㄱ
혼천의와 함께 조선 시대의 대표적인 천문 관측 기구로 고도와 방위, 시간을 정확하게 측정할 수 있도록 만든 기구.	ㄱ ㅇ

○ 조선 시대의 사람들은 태어날 때부터 양반, 중인, 상민, 천민으로 신분이 정해져 있었습니다. 아래 [보기]에 나열되어 있는 낱말을 각 신분에 맞게 골라 써 넣으세요.

보기	과거 전문 기술직 세금 악공 광대 기와집 초가집
	의사 글공부 양반의 재산으로 여김 역관 농업과 어업

양반	
중인	
상민	
천민	

2차시

🌿 **오륜의 의미**   조선 시대 사람들은 유교의 가르침에 따라 생활하였습니다. 오륜의 내용을 알아보고 그림과 설명을 바르게 연결하여 보세요.

어른과 아이 사이에는 차례와 질서가 있어야 한다.
長幼有序(장유유서)

부부 사이에는 구별이 있어야 한다.
夫婦有別(부부유별)

어버이와 자식 사이에는 친함이 있어야 한다.
父子有親(부자유친)

임금과 신하 사이에는 의로움이 있어야 한다.
君臣有義(군신유의)

친구 사이에는 믿음이 있어야 한다.
朋友有信(붕우유신)

TIP	**삼강(유교의 도덕에서 기본이 되는 세 가지 강령)**
	군위신강(君爲臣綱) : 임금은 신하의 근본. 부위자강(父爲子綱) : 어버이는 자식의 근본. 부위부강(夫爲婦綱) : 남편은 부인의 근본. 한마디로 충(忠), 효(孝), 열(烈)이다.

○ 조선 시대 사람들은 오륜(五倫) 가운데 어떤 것을 가장 중요하게 생각하였을까요?

머리에 술술! 역사 상식 1

세시 음식 우리의 조상들은 예로부터 계절이나 명절에 맞는 음식을 만들어 먹었답니다. 음식의 이름을 써 넣고 주로 어느 때 먹은 음식인지 연결하여 보세요.

| | 팥죽 | 진달래꽃전 | |

| 봄 | 여름 | 가을 | 겨울 |

| | | 수리떡 | |

| 설날 | 정월 대보름 | 한식과 단오 | 추석 |

관혼상제의 의미 그림이 뜻하는 예식의 이름을 쓰고 그 의미를 찾아 연결해 보세요.

여자의 경우는 "계례"라고 하는데 여자는 머리를 올리고 비녀를 꽂는다. 남자는 상투를 틀고 망건을 쓴다. 조선 시대에는 열다섯 살이 넘으면 성인 대접을 했다.

처녀와 총각이 평생을 함께할 것을 약속하는 예식이다. 신랑 식구들은 신부에게 대추와 밤을 던져 주며 자식을 많이 낳고 복되게 살라고 말한다. 자식을 낳는 일이 중요했음을 뜻한다.

가족들은 삼베로 만든 상복을 입었다. 부모가 돌아가시면 3년 동안 상복을 입고 부모의 묘소를 지켰다. 효도를 중시했음을 뜻한다.

부모가 돌아가시면 제사를 지내는 것이 효도였다. 보통은 4대 봉사라고 하여 부모, 조부모, 증조부모, 고조부모까지 제사를 지냈다.

머리에 술술! 역사 상식 2

경국대전과 오늘의 법률 조선 시대의 경국대전(經國大典)은 오늘날 우리의 헌법이나 법률과 비슷한 점도 있고 다른 점도 있다고 해요. 조선의 경국대전과 오늘날의 법률을 빈칸을 채우면서 비교해 볼까요?

經國大典 (경국대전)	기본 법전	憲法과 法律 (헌법과 법률)
1485년 조선 왕조 제9대 왕 (　　) 때 완성	만든 시기	1948년 대한민국 헌법 완성 (헌법 : 한 국가의 모든 법률이 근거로 하는 최고의 법규)
땅과 집을 사면 (　　)일 안에 관청에 보고해야 한다.	땅이나 집을 산 경우	땅과 집을 사면 60일 이내에 관청에 신고해야 한다.
남자는 (　　)세, 여자는 (　　)세가 되어야 결혼할 수 있다.	결혼할 수 있는 나이	남자와 여자 모두 만 18세가 되면 부모의 동의 없이도 결혼할 수 있다.
부모가 많이 아프거나 부모의 나이가 70세 이상이면 그 아들은 병역의 의무를 지지 않아도 된다.	병역의 의무 (군대 문제)	대한민국 국민인 남자는 헌법과 병역법에 따라 병역의 의무를 성실히 수행하여야 한다.
노비 여성의 출산 휴가는 (　　)일이다. 필요에 따라 남편도 출산 휴가를 신청할 수 있다.	출산 휴가	직장 여성의 출산 휴가는 출산 전후 합하여 90일이다. 남편도 최대 5일까지 출산 휴가를 신청할 수 있다.

3차시

재미있는 십자말풀이 재미있는 조선 시대 십자말풀이

가로열쇠

① 청동으로 만든 솥 모양의 반구에 침을 세워 두고, 햇빛을 받은 침의 그림자가 바닥에 비친 위치와 길이로 시각과 절기를 알려 주는 해시계이다.
② 어른이 되는 의식(남자는 상투 틀고 여자는 비녀를 꼽는다.), 결혼, 장례, 제사를 지내는 의식을 함께 이르는 말이다.
③ 한양의 동서남북에 있는 네 개의 커다란 문을 말한다. 흥인지문, 돈의문, 숭례문 등.
④ 요동 정벌을 위해 군사를 이끌고 북쪽으로 향하던 중 위화도에서 군사를 돌려 개경을 점령하고 조선 왕조를 세운 왕이다.
⑤ 장영실이 만든 물시계.
⑥ 이방원이 정몽주에게 읊어 주었다는 시를 일컫는 말.
⑦ 문화 활동에 의해 만든 것으로 가치가 뛰어난 것들을 의미하는데, 임진왜란이 일어났을 때 일본은 조선의 이것뿐만 아니라 도자기 기술자와 활자 인쇄공까지 잡아갔다.

세로열쇠

㉠ 임진왜란이 일어났을 때 왜구가 가장 먼저 점령했던 성.
㉡ 고려 시대에 아라비아 상인들이 벽란도에 무역을 위해 들어왔을 때 가지고 왔다는 앵무새와 비슷한 새.
㉢ 제사 가운데 하나로서 어른들이 돌아가신 날에 지내는 제사. 명절 때 지내는 제사는 차례라고 한다.
㉣ 싸움에서 크게 이겼을 때 사용하는 말. 조선의 3대 이것은 한산도 ○○, 진주 ○○, 행주 ○○이다.
㉤ 사대문 중에 북쪽에 있는 문으로서 그 원래의 이름이다.
㉥ 〈성학집요〉도 집필하고 10만 양병설도 외쳤으며 신사임당의 아들이기도 하다.
㉦ 태종 때 만든 활자로서 〈조선왕조실록〉 등을 만들 때 사용했는데, 이 활자 이후로 다양한 금속 활자가 만들어졌다. 세종 대왕 때 만든 갑인자는 활자 모양이 네모났다.
㉧ 매달 1일을 일컫는 말. 정월의 이날은 최대 명절 가운데 하나이다.
㉨ 조선 시대에는 나라보다 이것을 중시했다. 조선 시대에는 충(忠)보다 효(孝)를 중시했다.

머리에 술술! 역사 상식 2

 내가 이성계라면? 조선 건국과 관련된 이야기를 읽고 각각의 생각을 간단히 적고 바람직한 행동에 대하여 토의해 보세요.

고려 말, 명나라는 고려에 철령 이북 지방(북한의 강원도 안변 지방)을 자기네 땅이라고 우기면서 내어놓으라고 하였어요. 고려의 우왕과 최영은 명나라를 정벌하여 쓴맛을 보여 주어야 한다고 주장하였습니다. 그러나 이성계는 명나라를 침략하면 안 되는 이유를 4가지로 설명하며 반대하였습니다. 우왕과 최영의 명령에 따라 요동을 정벌하러 간 이성계는 결국 위화도에서 군사를 돌렸습니다. 그리고 고려의 개경을 점령하고 새로운 나라 조선을 세웠습니다. 이성계의 아들 이방원은 고려의 충신 정몽주에게 시를 보내어 조선 왕조와 함께 백성들을 잘 다스리자고 설득하였습니다.

잠깐 상식 •• 이성계의 4대 불가론

1. 작은 나라가 큰 나라를 쳐들어가는 것은 불가능하다.
2. 농번기에 군사를 동원하는 것은 무리이다.
3. 명나라를 공격하는 사이에 왜구가 쳐들어올 수 있다.
4. 장마철이라 무기 사용이 불편하고 전염병이 유행할 것이다.

○ 요동 정벌에 대한 고려 조정과 이성계의 생각을 간단하게 써 보세요.

① 고려 조정의 생각

② 이성계의 생각

하여가와 단심가

○ 이방원이 정몽주에게 보낸 시

> 이런들 어떠하며 저런들 어떠하리
> 만수산 드렁칡이 얽혀진들 어떠하리
> 우리도 이같이 얽혀져 백 년까지 누리리라.

○ 이방원의 생각

_____

○ 이방원의 시를 받은 정몽주가 선택할 수 있는 생각들입니다. 여러분이라면 어떤 결정을 할 수 있을까요? 여러분의 생각과 같은 곳에 동그라미 표시를 하여 보세요.

그래 결정했어! 이성계 장군을 도와 조선에서 새롭게 시작하는 거야!

난 고려의 충신 정몽주야! 절대 고려를 배신할 수 없어. 그렇고말고….

○ 여러분이 정몽주가 되어 이방원에게 보낼 답장을 써 보세요.

_____
_____
_____

머리에 술술! 역사 상식 2

🌿 **무학 대사 이야기** ☐ 안에 알맞은 단어를 쓰고 이야기의 제목을 붙여 보세요!

무학 대사의 ○○○○

옛날 무학이라는 이름을 가진 스님이 있었습니다. 그는 이성계가 조선을 세우고 임금이 되는 데 많은 도움을 준 사람이었어요. 특히 그는 앞일을 내다보는 능력이 탁월하였습니다. 어느 날, 이성계는 불이 활활 타는 기와집에서 서까래 세 개를 짊어지고 나오는 꿈을 꾸었어요. 이를 이상하게 여긴 이성계는 무학 대사를 찾아가 꿈풀이를 해 달라고 했어요. 그러자 무학 대사가 조심스럽게 말했습니다.

"집에 불이 난다는 것은 나라에 전쟁이 일어난다는 것이며, 서까래 세 개를 짊어지고 나온다는 것은 임금(王)이 되신다는 뜻입니다."

그 후 이성계는 위화도 회군을 통해 조선을 세우고 왕이 되었습니다. 무학 대사의 말이 맞았던 것이지요. 무학 대사의 놀라운 능력에 감탄한 이성계는 무학 대사에게 찾아가 임금들의 위패를 모시는 종묘를 지어 달라고 하였습니다. 그러자 무학 대사는 창경궁 옆에 종묘를 짓고 28개의 위패실을 만들었어요. 이를 본 이성계는 버럭 화를 내며 소리쳤어요.

"아니, 이럴 수가! 조선왕조가 28대에서 끝이 난단 말이오? 어서 위패실을 더 만드시오."

그러나 무학 대사는 잠잠히 말하였습니다.

"하늘의 뜻은 거스를 수가 없는 법입니다."

그런데 신기하게도 ☐ 대 임금 순종을 마지막으로 조선 왕조는 끝이 나고 말았답니다.

○ 윗 이야기의 제목에 알맞은 사자성어는 어느 것일까요?

① 結草報恩(결초보은) : 풀을 엮어 은혜를 갚는다.
② 先見之明(선견지명) : 미리 내다보는 능력이 뛰어나다.
③ 一石二鳥(일석이조) : 돌 하나로 새 두 마리를 잡는다.
④ 大器晩成(대기만성) : 큰 그릇은 천천히 만들어진다. 큰 인물은 서서히 만들어진다.
⑤ 破竹之勢(파죽지세) : 대나무를 쪼개는 기세. 세력이 강하여 거침없이 나아가는 기세.

조선의 훈민정음

유네스코 세계 문화유산으로 지정된 훈민정음은 1443년에 창제되었어요. 빈칸에 알맞은 내용을 써 넣고 물음에 답하여 보세요.

특집 기사

훈민정음 드디어 완성

1443년 ○월 ○일

드디어 훈민정음이 완성되었다. 훈민정음은 _____ 라는 뜻으로 백성들도 쉽게 배울 수 있다고 한다. 대왕께서는 훈민정음을 백성들에게 널리 알리기 위해 훈민정음 언해본도 곧 펴낼 것이라고 밝혔다. 이제 우리나라도 우리글을 가지게 되었다. 그러나 훈민정음 사용에 대한 반대 세력도 만만치 않다. 최만리 등 많은 양반들은 중국을 따르는 조선에서 새 글자를 만들어 백성들이 사용하게 되면 중국과의 관계가 나빠질 것이라고 주장하고 있다. 찬성 세력과 반대 세력의 팽팽한 대결 속에 훈민정음을 얼마나 사용할 수 있을지 앞으로의 행보가 주목된다.

○○○기자

○ 훈민정음 사용에 대한 여러 계층의 생각입니다. 관련된 내용을 찾아 연결 지어 보세요.

| 양반, 관료 세력 | • | • | 나랏일도 훈민정음으로 알려 주면 우리도 읽을 수 있으니 조선에 무슨 일이 일어나고 있는지도 알 수 있겠군! |

| 평민, 부녀자 | • | • | 우리가 훈민정음을 사용하는 것은 중국을 버리고 오랑캐와 같아지는 거야! |

○ 조선 시대 사람이 되어 훈민정음 사용에 대한 여러분의 생각을 선택하고 그 이유를 써 보세요.

나는 훈민정음 사용에 대하여 (찬성 | 반대) 한다.

이유

머리에 술술! 역사 상식 2

조선 전기의 무역 활동 조선 전기의 무역 활동입니다. 각 나라의 이름을 적고 조선과의 관계를 써 보세요.

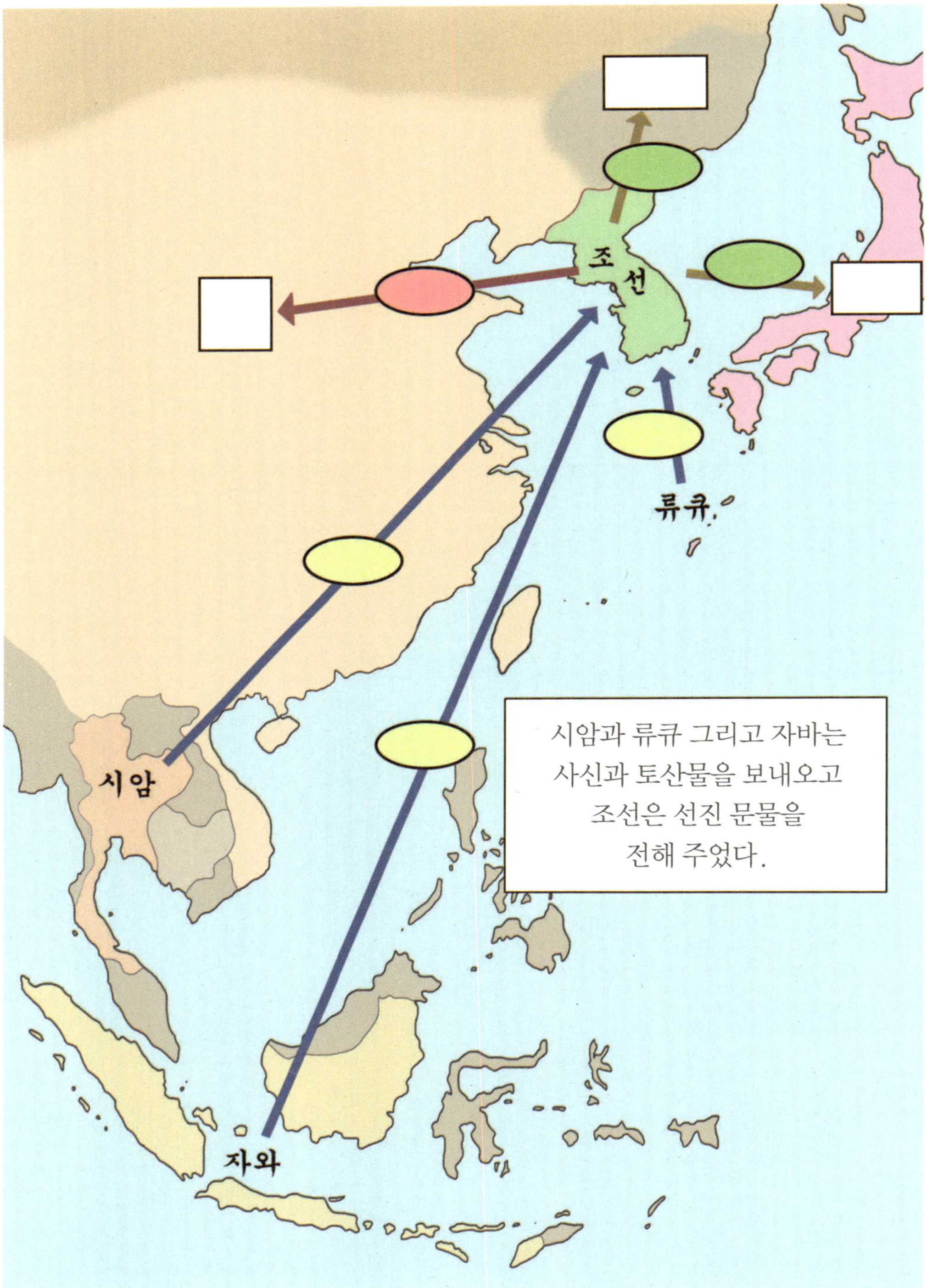

시암과 류큐 그리고 자바는 사신과 토산물을 보내오고 조선은 선진 문물을 전해 주었다.

🌱 **임진왜란 직전의 주변 상황** 일본이 임진왜란을 일으키기 바로 전에 각 나라의 상황이 어떠했는지 말풍선에 적어 보세요.

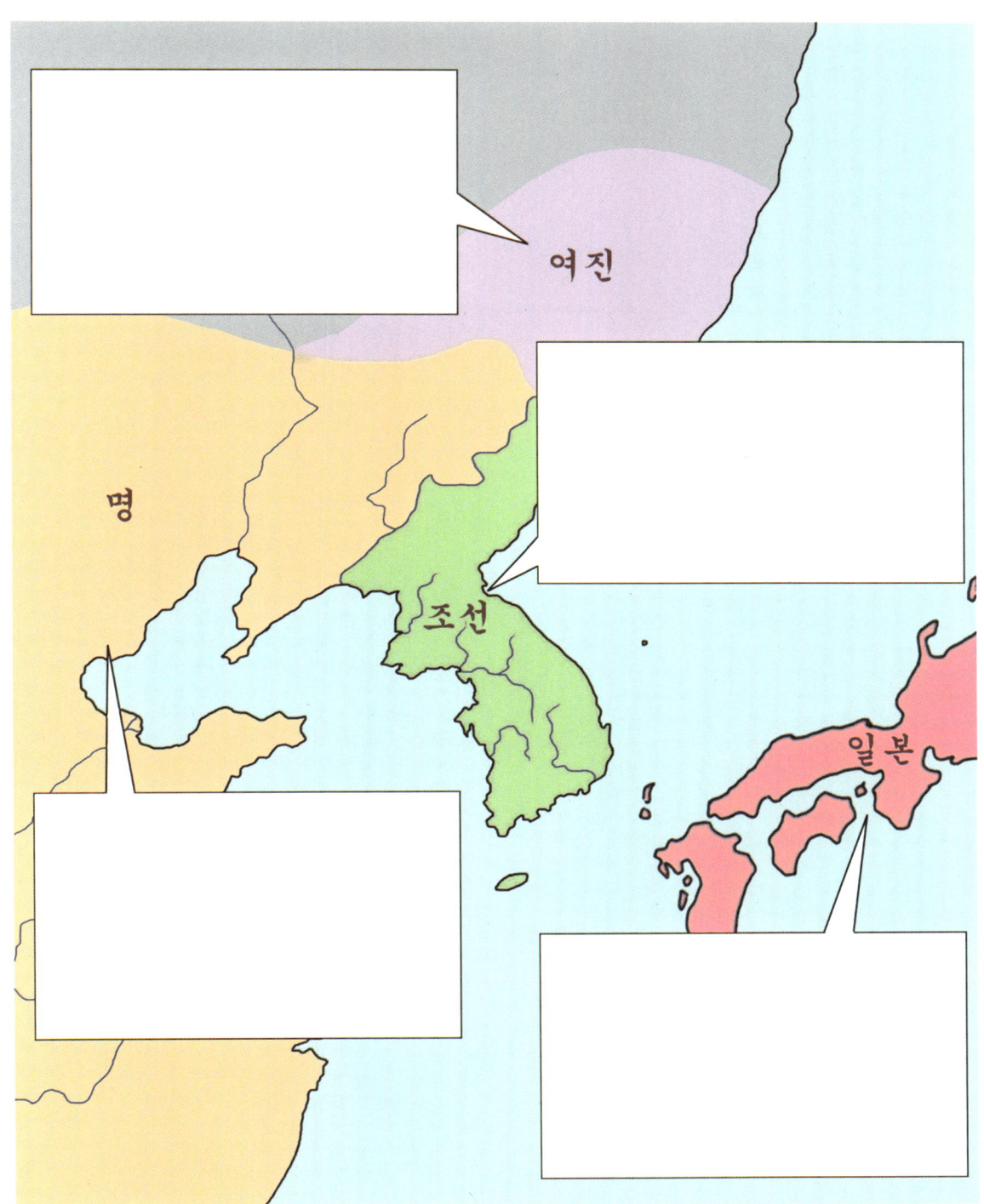

머리에 술술! 역사 상식 2

임진왜란과 의병 활동 임진왜란 때 관군과 의병의 활동입니다. 빈칸에 주요 사건과 인물을 적어 보세요.

병자호란과 의병 활동 광해군을 몰아내고 임금이 된 인조 때, 후금(後金)이 조선을 침략했고 청(淸)나라 태종이 조선을 쳐들어옵니다. 그 당시 활동했던 의병장을 써 보세요.

재미가 솔솔! 역사 속으로

🌿 **〈농사직설〉을 광고해 보세요.** 여러분이 새로 나온 책 〈농사직설〉을 홍보하는 광고 문구를 만들어 보세요.

만든 시기   세종 대왕 때(1429년).

만든 이유
우리나라의 기후와 토지에 맞는 농사 방법을 백성들에게 널리 알리기 위해서.

책의 내용
① 조선의 토지와 기후가 비슷한 중국 남쪽의 농사법과 경험 많은 농부들의 실제 농사 비법을 참고하여 농사를 잘 짓는 방법을 정리하였음.
② 볍씨 뿌리는 방법, 농지 고르는 방법, 거름 주는 방법 등 각종 작물의 재배법이 간결하게 적혀 있음.

두둥! 드디어 나왔다.
조선을 놀라게 한 책 – 〈농사직설〉!!!

출간 2주 만에 10만 부 판매 돌파!!!

- 이 책을 펴는 순간 당신은 이미 농사의 달인.
- _____
- _____
- _____

TIP 광고 문구 만드는 방법
강조하고 싶은 내용이나 이 책을 읽은 후에 나타날 긍정적인 효과가 중요합니다.

어떻게 판단해야 하는가? 아랫글을 읽고 물음에 답해 보세요.

임진왜란이 일어나기 전입니다. 도요토미 히데요시는 일본을 통일하였습니다. 조선의 임금에게도 예의를 요구했습니다. 불안했던 선조는 **황윤길과 김성일**을 일본에 사신으로 보냈습니다. 하지만 일본에서 돌아온 두 사람의 의견은 전혀 달랐습니다.

황윤길은 일본 항구의 전투함들을 보고 일본이 조선을 침입할 것 같으니 전쟁에 대비해야 한다고 말했고, 김성일은 도요토미 히데요시가 좀스럽고 쥐처럼 생겼다며 일본이 조선을 침략할 가능성이 낮다고 이야기하였습니다.

토론은 격렬했으나 성과 없이 끝났습니다. 1년 뒤 일본은 조선을 침략하였습니다.

○ 황윤길과 김성일은 각각 어떤 근거를 들어 이야기했나요?

황윤길의 주장과 근거

- 주장
- 근거

김성일의 주장과 근거

- 주장
- 근거

○ 만약 여러분이 선조 임금이었다면 어떤 판단을 내렸을까요?

- 판단
- 근거

재미가 솔솔! 역사 속으로

🌿 **이순신 장군의 전투** 1592년 4월, 일본군은 명나라로 가는 길을 내어 달라는 구실로 약 20만 명의 군사를 이끌고 조선을 침략해 왔습니다. 이때 이순신 장군이 이끄는 조선 수군은 일본군의 침입에 맞서 싸워 곳곳에서 승리를 거두었습니다. 아래 설명을 잘 읽고 어떤 싸움인지 [보기]에서 찾아 이름을 쓰고, 지도에 표시해 보세요.

보기   한산도 대첩   명량 해전   옥포 해전   부산포 해전   사천 해전   노량 해전

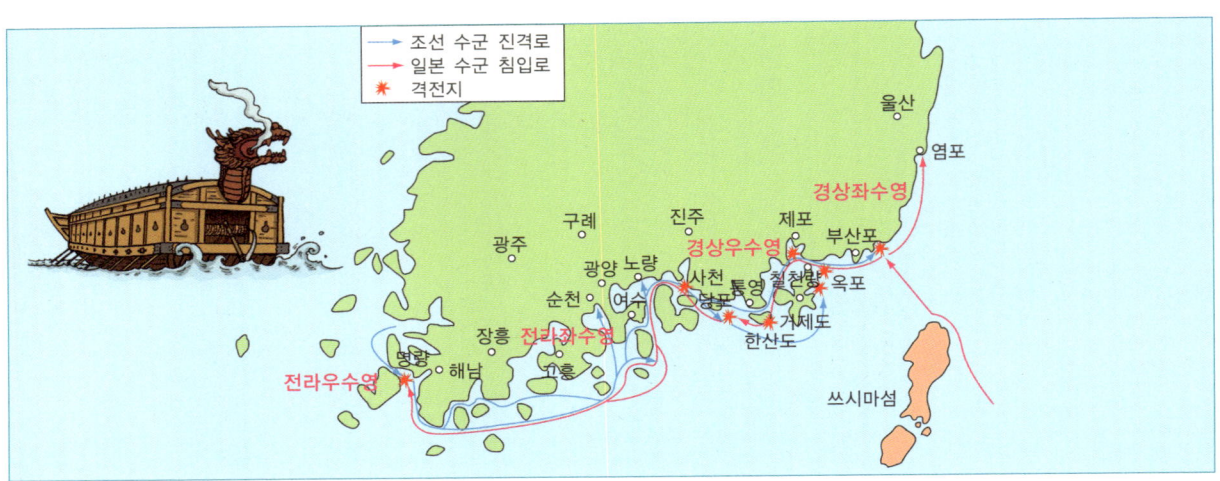

(   ) 1592년 7월 조선 수군의 배 56척이 왜선 73척을 맞아 판옥선 5~6척으로 적을 유인하는 학익진 전법을 사용하여 크게 승리하였다.

(   ) 1598년 11월 조선 수군이 일본 수군과 벌인 마지막 해전으로 도망치는 왜선을 추격하던 중 이순신 장군이 전사하였다.

(   ) 1597년 9월 이순신이 명량(울돌목)에서 130여 척의 왜선을 조선 수군의 배 12척으로 무찔러 큰 승리를 거두었다.

(   ) 1592년 9월 조선 수군이 부산 앞바다에서 100여 척의 왜선을 무찌르고 크게 승리한 전투이다.

길동이의 힘, 의병

일본이 조선을 침략하였을 때, 조선을 지키기 위해 자발적으로 일어선 용감한 백성들이 있었습니다. 의병입니다. 아래 말풍선에 적당한 말을 써 보고 옆집에 사는 길동이에게 의병에 함께 참여하자는 편지를 적어 보세요.

TIP 설득하는 글을 쓰는 방법
현재 조선이 처한 상황, 의병에 참여해야 하는 이유, 의병에 참여했을 때의 좋은 점 등을 씁니다.

옆집 사는 길동이는 보시오.

친한 동무 ○○○씀

생각이 쑥쑥! 나도 역사가

 조선의 인물과 놀이 문화 ○ 안에 들어갈 단어로 가장 적절한 것은 무엇인가요? [보기]에서 골라 써 보세요.

보기	장영실 정도전 세종 대왕 의병장 무신
	태조 이성계 민속놀이 최영 장군

1 — 혼천의, 자격루, 장영실, 훈민정음, 집현전, 측우기

2 — 정문부, 사명당, 곽재우, 고경명, 조헌, 서산대사

3 — 강강술래, 고누, 윷놀이, 씨름, 줄다리기, 고싸움놀이

4 — 정도전, 경복궁, 홍건적과 왜구, 위화도 회군, 한양, 이방원

5차시

🌿 **나는 누구일까요?** 힌트를 보고 떠오르는 조선 시대의 유명한 인물을 [보기]에서 골라 써 보세요. 그리고 마지막 칸에는 여러분이 직접 문제를 만들어 보세요.

| 보기 | 곽재우 신사임당 장영실 이순신 세조 이황 정도전 이이 사육신 세종 대왕 |

힌트	인물
노비 출신 ǀ 측우기 ǀ 자격루	**장 영 실**
이성계 ǀ 조선 건국의 일등 공신 성리학 신봉 ǀ 경복궁의 이름을 지은이	
임진왜란 ǀ 홍의장군 경상남도 의령 ǀ 의병장	
수양 대군 ǀ 계유정란 ǀ 왕권 강화	

 명함을 만들어 보세요. 위의 여러 인물 중에서 한 사람을 택하여 명함을 만들어 보 세요.

| TIP | 명함 만드는 방법
① 내가 고른 인물의 이름을 쓴다. ② 내가 상상한 얼굴을 그린다. ③ 나타내고 싶은 업적을 쓴다. |

이름 :
업적 :

 생각이 쑥쑥! 나도 역사가

 4대 사화 다음 글을 읽고 물음에 답하세요.

1498년(무오년) 훈구파는 사림파를 제거하고자 거짓 상소를 올려 연산군을 자극했다.

"김일손이 *사초에 〈조의제문〉을 삽입하는 대역죄를 지었나이다!"

"전하, 〈조의제문〉은 세조 대왕님의 왕위 찬탈을 교묘히 비방한 글입니다!"

유자광

"김종직이라면?…!"

이에 연산군은 엄명을 내렸다.

"내 원수인 사림의 두목이 아니던가!"

"관련된 사림파놈들을 죄다 엄벌에 처하라!"

그리하여 사림이 큰 화(禍)를 입었다 (무오사화).

1. 무오사화 (戊午士禍, 戊午史禍)

1504년(갑자년) 척신 세력은 정적들을 제거하고자 *폐비 윤씨 사사 사건의 전모를 연산군에게 밀고했다.

"전하의 친어머니께서 사약을 받고 돌아가시게 만든 천하의 원흉들이 있나이다. 전~하!"

임사홍

"대, 대체 그놈들이 누구냐?"

2. 갑자사화 (甲子士禍)

"빠드득, 내 어머니의 원수들!"

"여기 적힌 놈들을 깡그리 처단하라!"

그 과정에서 일부 훈구와 많은 사림이 피해를 입었다 (갑자사화).

*조의제문 김종직이 초나라의 항우가 황제를 죽인 것을 슬퍼하며 지은 글.　　*사초(史草) 역사 편찬의 자료가 되는 기록.
*폐비 윤씨 사사 사건 성종이 다시 장가를 가서 맞은 아내(계비) 윤씨를 폐비시킨 뒤 사약을 내려 죽게 한 사건.

○ 사화와 같은 일이 일어나지 않게 하려면 어떻게 해야 할까요?

4대 사화

1519년(기묘년) 중종은 사림파의 지나친 압박에 싫증을 느꼈다. 이를 간파한 훈구파는 사림파를 몰아내고자 음모를 꾸몄다.

주초위왕(走肖爲王)? 주초가 왕이 된다?

주(走)와 초(肖)를 합치면 '조(趙)'라는 글자가 되옵나이다.

그렇다면 조광조가 왕이 된다?

3. 기묘사화(己卯士禍)

마침내 중종은 사림파를 숙청했다.

국정을 어지럽힌 조광조 일당을 중벌에 처하라!

결국 조광조는 사사되었고, 그 밖의 사림파는 귀양길에 올랐다 (기묘사화).

1545년(을사년) 명종이 12세로 즉위하자 문정왕후는,

주상께서 성년이 되실 때까지 내가 수렴청정하겠소!

소윤파의 영수 윤원형

4. 을사사화(乙巳士禍)

수렴청정이란 왕의 어머니나 할머니가 왕 대신 나라를 다스리는 것.

대비마마, 대윤파 윤임과 그의 일당이 역모를 꾀하였나이다!

그 역적들을 당장 잡아들이세요!

그 결과 윤임과 그의 일파, 그리고 많은 사림이 희생되었다 (을사사화).

*소윤 13대 명종의 외숙부이자 문정 왕후의 동생. *대윤 12대 임금 인종의 외숙부.

○ 사대 사화의 핵심을 정리해 보세요.

무오사화	갑자사화
기묘사화	을사사화

3. 아름다운 아침의 나라, 조선

생각이 쑥쑥! 나도 역사가

의정부 서사제와 6조 직계제 다음 글을 읽고 물음에 답하세요.

태종 이전에는 왕 밑에 '의정부'라는 기구가 있어서 의정부가 먼저 '6조'와 논의했습니다. 그런데 태종은 왕권을 강화하기 위해 의정부를 폐지하고 6조가 왕에게 직접 보고하게 했습니다. 이것이 6조 직계제입니다.

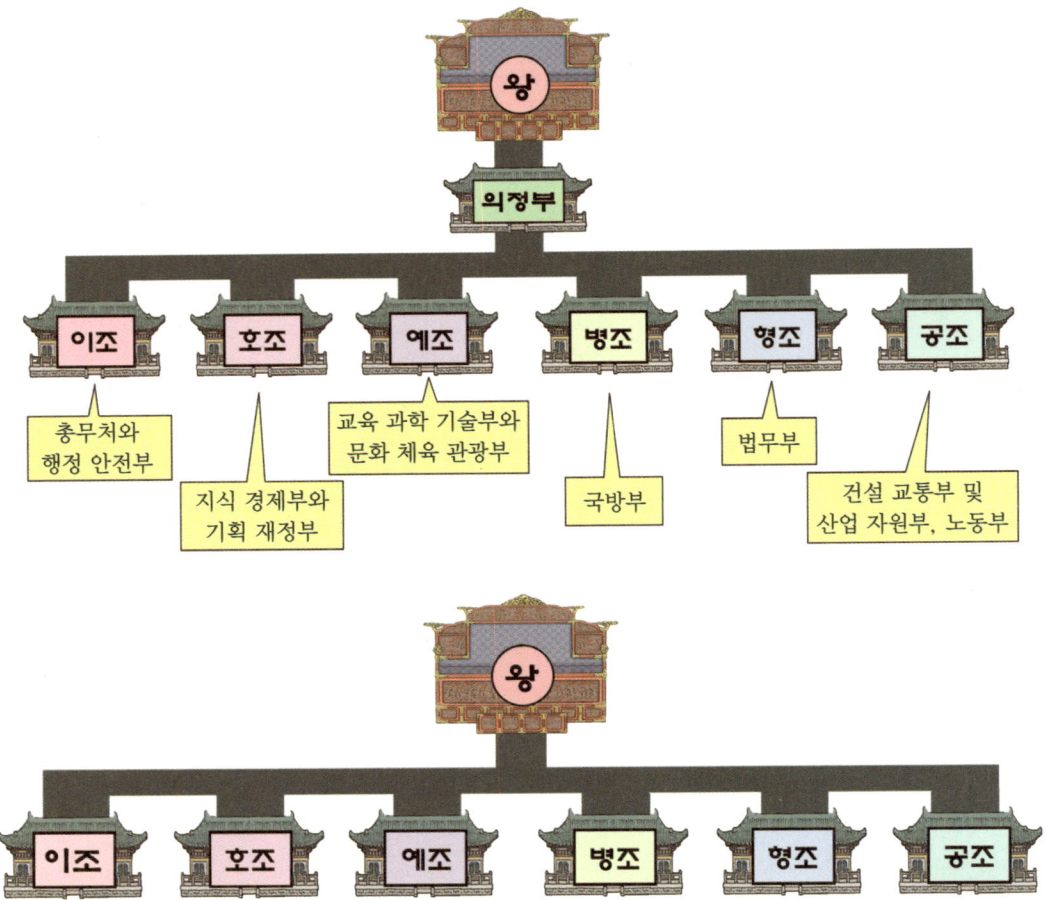

○ 두 제도는 각각 어떤 경우에 필요하다고 생각하나요?

○ 태종의 제도 변경은 옳았다고 생각하나요?

붕당 정치의 발단

*이조 전랑 이조의 정5품직인 정랑과 정6품직인 좌랑을 '전랑(銓郞)'이라고 불렀다. 정3품 이하의 인사권을 갖고 있었기 때문에 그 영향력이 막강했다.
*붕당(朋黨) 조선 중기 학맥과 정치적 입장에 따라 형성된 집단을 일컫는 말.

○ 붕당 정치의 좋은 점과 나쁜 점을 이야기해 보세요.

생각이 쑥쑥! 나도 역사가

 광해군의 중립 외교 다음을 읽고 아래 물음에 답하여 보세요.

임진왜란을 몸소 겪은 광해군은 자신이 왕이 되면 다시는 전쟁이 일어나지 않게 하겠다고 다짐하였습니다. 전쟁의 비참함과 참혹함을 뼈저리게 느꼈기 때문입니다. 그런데 만주 지방의 여진족이 힘을 키워 1616년 후금이라는 나라를 세웠습니다. 후금은 중국 대륙을 장악하고 있던 명나라에 도전장을 내밀며 전쟁을 일으켰습니다. 당황한 명나라는 임진왜란 때 조선을 도와주었다는 구실로 조선에 지원병을 요청하였습니다. 광해군은 깊은 고민에 빠졌습니다. 조선이 명나라를 도와주면 후금이 조선을 침략할 것이고, 명나라를 돕지 않으면 명나라가 조선을 침략할 것이기 때문입니다.

○ 광해군의 고민은 무엇인가요?

○ 여러분이 광해군이라면 어떤 결정을 내렸을까요?

○ 실제로 광해군은 어떻게 하였는지 조사해 보세요.

삼전도의 굴욕과 북벌 정책 아랫글을 읽고 물음에 답해 보세요.

후금을 세운 여진족(만주족)은 명나라와 전쟁을 했습니다. 조선은 명나라를 받들고 후금을 멀리했어요. 그러자 후금이 조선을 침략하였습니다. 이것이 '정묘호란'입니다.

그러나 조선은 여전히 명나라와의 관계를 유지하고 후금과 멀리했어요. 그러자 나라 이름을 '청'으로 바꾼 후금이 다시 침입해 왔습니다. 이것이 '병자호란'입니다. 힘이 약한 조선은 결국 남한산성에서 항복했지요. 이것을 '삼전도의 굴욕'이라고 합니다. 전쟁이 끝난 뒤 소현 세자와 봉림 대군이 인질로 잡혀갔습니다.

청나라로 끌려간 소현 세자는 청나라의 발전 모습을 보고는 전쟁보다는 실력을 키우는 것이 좋겠다고 생각했습니다. 하지만 인조의 뒤를 이어 임금(효종)이 된 봉림 대군은 병자호란의 치욕을 갚아야 한다고 생각했습니다. 그가 편 정책을 '북벌 정책'이라고 합니다. 그러나 효종은 전쟁을 하지 못했습니다.

○ 위 글에서 가장 중요하다고 생각하는 단어를 다섯 개만 선택해 보세요.

○ 여러분은 소현 세자와 효종의 생각 가운데 어떤 사람의 생각이 옳다고 생각하나요?

나는   의 생각이 옳다고 생각한다.

왜냐하면

때문이다.

 마음에 꼭꼭! 되돌아보기

 조선의 마인드맵   지금까지 공부한 내용을 생각하면서 조선 시대의 인물, 유물, 신분 제도, 중요 사건 등의 마인드맵을 그려 보세요.

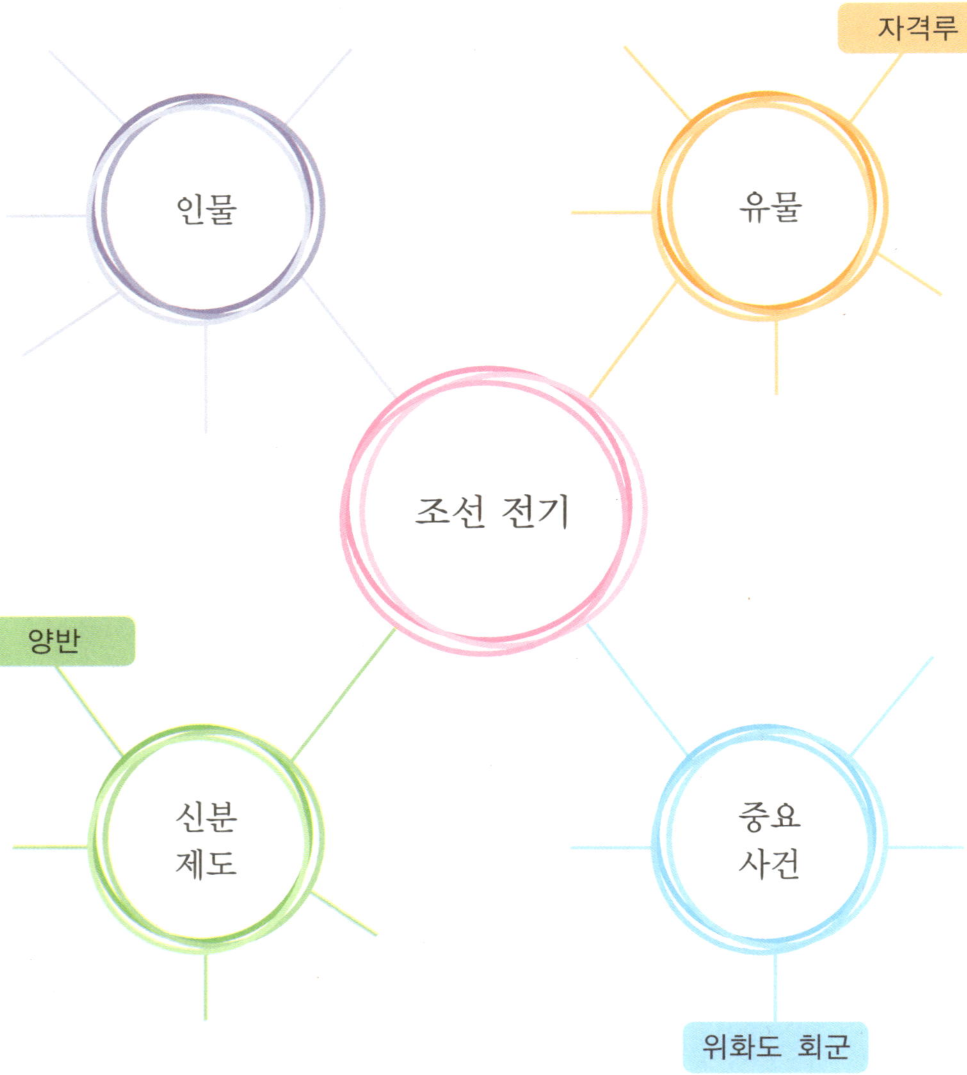

- 인물
- 유물 — 자격루
- 조선 전기
- 신분 제도 — 양반
- 중요 사건 — 위화도 회군

🌿 **역사적인 인물** 다음의 인물들 가운데 가장 닮고 싶거나 자랑하고 싶은 인물을 고르고 그 이유를 간단하게 써 보세요.

가장 닮고 싶거나 자랑하고 싶은 인물

이 유

# 마음에 꼭꼭! 되돌아보기

 역사적인 사건 다음의 사건들 가운데 가장 인상적이거나 의미 있는 사건을 선택하고 그 이유를 간단하게 써 보세요.

| 조선 건국 | 신문고 설치 | 훈민정음 반포 | 계유정란 |

| 사대 사화 | 임진왜란 | 병자호란 |

TIP **계유정란** 세조가 어린 단종을 죽이고 임금이 된 사건.

가장 인상적이거나 의미 있는 사건

이 유

6차시

🌿 **조선의 향기** 다음 의식이나 프로그램에 참여해 보고 새롭게 알게 된 사실을 써 보세요.

구분	언제?	어디서?	무엇을?
수문장 교대 의식	매일 11시, 14시, 15시 30분 (월요일 휴무)	덕수궁 대한문 앞에서	· 수문장 교대 의식 관람 · 전통 복식 체험
	매일 오전10시~ 오후 3시까지 매시 정각 공연 (화요일 휴무)	경복궁 광화문 및 흥례문 광장	· 수문장 교대 의식 관람 · 수문장 교대 의식을 알리는 북 치기 행사
종묘 제례악	매년 5월 첫째 주 일요일	종묘에서 (서울시 종로구)	· 조선 시대 역대 왕들의 제사 의식에서 연주하던 음악인 종묘 제례악 연주 관람
서울 성곽 길 역사 탐방 프로그램	7월~12월 매달 넷째 주 일요일 ▶ 특전 (참여 학생은 자원봉사 2시간 인정)	장충동에서 남산 팔각정까지 이어지는 2.3km 탐방	· 서울 문화유산 해설사와 서울 성곽 길을 걸으며 태조와 세종, 숙종 때 쌓은 성곽 축성법 비교하기 · 숲 전문 해설사와 함께 성곽 길 주변 생태 환경 관찰하기

수문장 교대 의식

종묘 제례악

서울 성곽

3. 아름다운 아침의 나라, 조선

역사 낱말 풀이!

강화 싸우던 두 편이 싸움을 그치고 평화로운 상태가 되는 것. (사례 : 몽골과 강화 조약을 맺다.)

개혁 제도나 기구 따위를 새롭게 뜯어 고침.

계승 조상의 전통이나 문화유산 등을 물려받아 이어 나감.

고분 역사적인 자료 또는 고고학적 자료가 될 수 있는 오래된 무덤.

관 머리카락이나 말총으로 엮어 머리에 쓰도록 만든 것. 신분과 격식에 따라 다르게 머리에 쓰는 쓰개.

관군 국가에 소속되어 있던 정규 군대.

관직 국가에서 주는 벼슬. 현재의 공무원.

관측 육안이나 기계로 자연 현상이나 천체(우주의 모든 것) 또는 기상 상태 등을 관찰하고(보고) 측정하는(재는) 일.

군자(君子) 행실이 점잖고 어질며 덕과 학식이 높은 사람.

기제사 해마다 사람이 죽은 날에 지내는 제사.

기틀 어떤 일의 기초가 되는 계기나 조건.

김매기 논의 잡초를 뽑는 일.

농요 농부들이 농사일을 하면서 부르는 노래로서 주로 농사에 관한 내용을 주제로 한다.

능 임금이나 왕후(임금의 부인)의 무덤

당산나무 마을의 수호신으로 모신 다음에 제사를 지내 주는 나무.

대군 조선 시대에 왕비가 낳은 아들. (사례 : 세종 대왕의 아들인 수양 대군이 세조 임금이다.)

도성 임금이나 황제가 있던 도읍지가 성으로 이루어져 있다는 뜻에서 수도를 이르는 말.

두레 농민들이 농번기(농사일이 매우 바쁜 시기)에 농사일을 공동으로 하기 위하여 마을 단위로 만든 조직.

모내기 모를 못자리에서 논으로 옮겨 심는 일.

무장 전투에 필요한 장비를 갖추는 행위.

반포 세상에 널리 퍼뜨려 모두 알게 함.

백골 죽은 사람의 몸이 썩은 후에 남은 뼈.

복원 원래대로 회복함.

사신 임금이나 나라의 명령을 받고 외국에 심부름을 가는 신하.

사절단 나라를 대표하여 일정한 사명을 띠고 외국에 파견되는 사람들의 무리.

사직단 임금이 백성을 위하여 흙의 신(神)인 '사'와 곡식의 신(神)인 '직'에게 제사를 지내던 제단.

역사 낱말 풀이!

삼강오륜 유교의 도덕에서 기본이 되는 세 가지 강령과 사람이 지켜야 할 다섯 가지 도리.

상투 옛날에 장가든 남자들이 머리털을 끌어 올려 정수리 위에 틀어 감아 맨 것.

서문 책의 머리말 또는 책의 시작 부분.

세자 임금의 자리를 이을 임금의 아들.

솟대 마을 수호신의 상징으로 마을 입구에 세운 장대. 장대 끝에는 나무로 만든 새를 붙인다.

수령 고려, 조선 시대에 각 고을을 맡아 다스리던 지방관들을 통틀어 이르는 말.

시보 장치 시각을 알려 주는 장치.

알현 신분이 높고 귀한 사람을 직접 찾아가 뵙는 행동.

역법 천체의 주기적 현상(반복되는 현상)을 기준으로 하여 한 해의 절기나 달 또는 계절을 정하는 방법.

예법 예의로써 반드시 지켜야 할 법칙이나 가치 판단의 기준이 되는 원리.

오곡밥 찹쌀, 기장, 찰수수, 검정콩, 붉은 팥 등 다섯 가지 곡식을 섞어 지은 밥.

오랑캐 다른 민족을 낮추어 부르는 말.

위패 묘(廟)나 절 또는 집에서 제사를 지낼 때 모시는 신주(神主: 죽은 사람)의 이름을 적은 나무패.

음력 달이 지구를 한 바퀴 도는 데 걸리는 시간을 1달로 정한 역법. 반면에 지구가 태양을 한 바퀴 도는 데 걸리는 시간을 1년으로 정한 역법은 양력 또는 태양력이라고 한다.

의병 외적의 침입을 물리치기 위해 백성들이 자발적으로 조직한 군대.

이념 최고라고 여기는 생각이나 견해.

인사 관리나 직원의 채용, 임용, 해임(그만두게 하는 것), 평가 등과 관계되는 행정적인 일.

일편단심 한 조각의 붉은 마음이라는 뜻으로, 진심에서 우러나오는 변치 않는 마음.

장수 군사를 거느리는 우두머리.

전란 전쟁으로 인한 난리.

전세 전쟁이나 경기 따위의 형세나 형편.

전통 어떤 집단 또는 어떤 사회에서 지난 시대에 만들어져 계통을 이루어 전해 내려오는 사상이나 관습.

절기 계절의 표준으로서 지구의 공전을 근거로 한 해를 스물넷으로 나눈 것. 입춘, 경칩, 하지, 동지 등을 말함. 따라서 절기는 양력에 의한 구분이라고 할 수 있다.

정권 나라를 다스리는 정치권력.

정벌 적을 무력으로 무찌르는 행동.

정비 흐트러진 제도나 조직을 정리하여 바로잡음.

정월 음력의 첫째 달.

역사 낱말 풀이!

제사 신령이나 죽은 사람의 넋을 기리기 위해 음식을 바치어 정성을 나타내는 의식. 설날이나 추석날 아침에 지내는 제사는 차례 또는 차사(茶祀)라고 한다.

조정 임금이 나라의 정치를 신하들과 의논하거나 집행하는 곳.

조총 불을 붙이는 데 사용하는 노끈을 이용하여 화약이 터지게 만든 구식 총. 다른 말로 화승총이라고 한다.

종묘 조선 시대에 역대 임금과 왕비의 위패를 모시던 왕실의 사당으로서 1995년 유네스코 세계 문화유산으로 지정된 곳.

주기 같은 현상이 한 번 나타나고 다음번에 다시 날 때까지의 시간. 또는 똑같은 것이 되풀이되기까지의 기간.

주둔 군대가 임무 수행을 위하여 일정한 곳에 집단적으로 얼마 동안 머무르는 일.

중립 국가 사이의 분쟁이나 전쟁에 관여하지 않고 중간 입장을 지키는 행위.

진격 적을 치기 위하여 앞으로 나아감.

진토 티끌(티와 먼지)과 흙을 통틀어 이르는 말.

쪽 머리털로서 시집간 여자가 머리를 땋아서 뒤통수 위로 틀어 올려 비녀를 꽂은 것.

창제 전에 없던 것을 새로 만들거나 새로 정하는 일.

천도 도읍(수도)을 옮김.

철수 시설이나 장비를 거두어들이거나 사람들을 물러나게 하는 행동.

타작 곡식의 이삭을 떨어서 낟알을 거두는 일.

태조 한 왕조를 세운 첫째 임금.

태평성대 어진 임금이 나라를 잘 다스리는 태평한 세상 또는 태평한 시대.

통신사 조선 시대에 일본으로 보내던 사신, 고종 13년에 수신사로 바뀜.

파견 어떤 사람에게 일정한 임무를 맡겨서 다른 곳으로 보내는 행동.

편찬 여러 가지 자료들을 모아 체계적으로 정리하여 책을 만듦.

품앗이 힘든 일을 서로 돌아가며 해 주는 협동 활동. 또는 힘든 일을 서로 거들어 주면서 돌아가며 품을 지고 갚는 일.

화포 대포처럼 화약의 힘으로 탄환을 내쏘는 대형 무기.

회담 어떤 문제를 가지고 거기에 관련된 사람들이 한자리에 모여서 토의하는 일.

32쪽

역사논술 3 길라잡이 2쪽 본문 16쪽의 문항 4번 및 17쪽 6번 정답 수정

[정답] | 4.
태조 – 한양 천도
태종 – 호패법 실시와 사병 혁파, 그리고 의정부 설치와 숭유억불(崇儒抑佛) 정책 실시
세종 – 훈민정음 창제, 집현전 설치와 국토 확장, 의정부 서사제
세조 – 경국대전 준비, 제주정난, 의정부 서사제 폐지로 바꿈, 삼사(사헌부, 사간원, 홍문관) 정비

[정답] | 4.
태조 – 한양 천도
태종 – 호패법 실시와 …
세종 – 훈민정음 창제, …
세종 – 경국대전 준비, …
세조 – 호패법 실시와 …

역사논술 3 길라잡이 5쪽
본문 32쪽, 33쪽의 지도 정답 수정

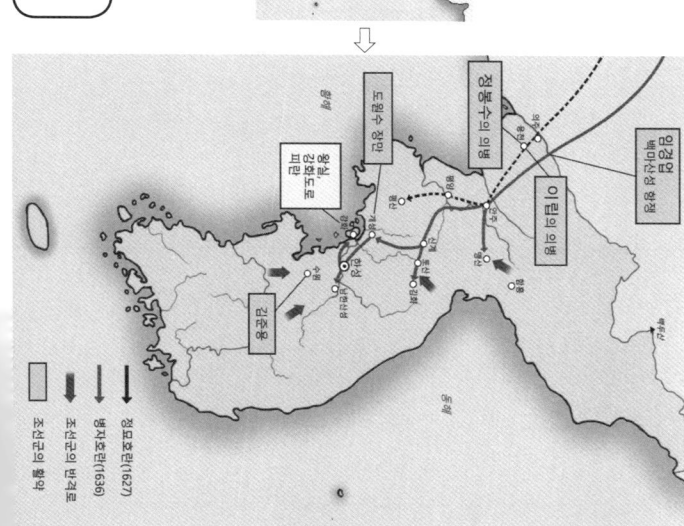

33쪽

[정답] | 6.
성종 ⑥   역산군 ⑤   중종 ②   명종 ④   인조 ⑧
광해군 ①   인조 ⑥   효종 ②

[정답] | 6.
성종 ⑦   역산군 ⑤   중종 ④   명종 ③   신조 ⑧
광해군 ①   인조 ⑥   효종 ②

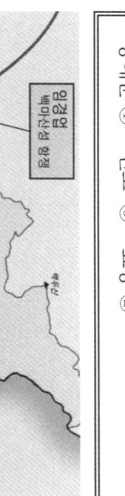

학부모와 선생님을 위한 역사논술

모범답안 + 길라잡이

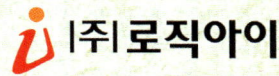

3_아름다운 아침의 나라, 조선

9쪽

그림 설명
명칭 : 반상도
작가 : 김득신(조선 시대)
내용 : 나귀 위에서 인사를 받는 사람(양반)과 허리를 굽혀 인사를 하는 사람(상민, 신분이 낮은 사람)의 모습이다.
조선 시대의 신분은 크게 양인과 천인(천민)으로 나눌 수 있으며 양인은 다시 양반, 중인, 상민으로 나눌 수 있다. 각 신분에 따라 권리와 의무도 달랐으며, 직업, 사는 집 등의 차별이 심했다.

〈3권의 특징〉
1권·2권과 달리 3권에서는 문화 관련 부분을 많이 다룬다. 그럼에도 불구하고 왕들의 업적과 지도 읽기 그리고 활동 중심의 "재미가 솔솔! 역사 속으로"와 "마음이 쑥쑥! 나도 역사가" 안에 있는 문제를 풀면 역사 지식을 충분히 습득할 수 있을 것이다.

[길라잡이]
3권 전체 설명
　이성계 장군은 위화도에서 회군하여 조선의 왕이 되었다. 이성계의 아들인 태종 이방원이 전국을 8도로 나누는 등 나라의 기틀을 다졌고, 세조 때부터 만들었던 경국대전은 조선의 제9대 왕 성종 때 완성되었다. 세종 대왕은 자신의 뜻을 표현할 수 없는 백성들을 위해 훈민정음을 반포하여 백성들이 글자를 읽고 쓸 수 있게 하였고, 각종 농업 기술을 보급하여 수확량의 증가에 기여하였으며, 장영실로 하여금 다양한 과학 기구를 발명하도록 하여 백성들이 농사를 짓는 데 많은 도움을 주었다.
　한편, 도요토미 히데요시는 일본을 통일하고 명나라로 가는 길을 내어 달라는 구실로 조선을 침략하였다. 그러나 온 백성이 힘을 모아 나라를 지켜 내었다. 육지에서는 전국에서 일어난 의병들이 일본군과 맞서 싸우고, 바다에서는 이순신 장군이 이끄는 조선 수군의 활약으로 왜군을 물리쳤다.
　후금에서 청나라로 이름을 바꾼 오랑캐는 조선을 침략하였다(병자호란, 1636년). 인조는 삼전도에서 청나라 황제에게 '삼궤구고두(세 번 절하고 아홉 번 머리를 조아림)'를 하며 항복하고 삼전도에 비를 세우게 된다. 효종은 병자호란의 치욕을 갚기 위해 청나라를 공격하자는 주장을 하였다. 하지만 실천으로 옮기지는 못했다.

10~11쪽

[길라잡이]
그림 설명

그림 설명
〈왼쪽 위〉 태조 이성계의 조선 건국과 신문고 설치와 호패법 실시 모습.
〈오른쪽 위〉 세종 대왕 즉위와 집현전 설치, 농사직설 출간, 김종서의 6진 설치, 장영실의 측우기와 앙부일구 발명 모습.
〈가운데 오른쪽〉 세종 대왕의 훈민정음 반포와 세조(수양대군)의 계유정란과 사육신 모습.
〈가운데 왼쪽〉 연산군 때의 무오사화를 위시하여 갑자, 기묘, 을사 사화 등 4대 사화. 성종의 경국대전 완성, 율곡 이이가 십만 양병설을 주장하는 장면.
〈왼쪽 아래〉 선조가 임금이었던 1592년, 일본의 도요토미 히데요시가 세력을 대륙으로 넓히겠다는 미명 하에 조선을 침략한 임진왜란. 이순신 장군의 돌격 장면과 왜구를 물리치는 장면. 노량 해전에서 전사한 장면.
〈오른쪽 아래〉 병자호란 때 후금이 쳐들어오는 모습. 인조가 청나라의 태종에게 삼궤구고두(三跪九叩頭) 당하는 모습. 효종이 북벌 정책을 계획하는 모습.

12~13쪽

[정답]
위화도 회군(1388년) – **조선 건국**(1392년) – **한양 천도**(1394년) – **집현전 설치**(1420년) – **농사직설 간행**(1429년) – **최윤덕**(1433년) – **측우기**(1441년), **앙부일구**(1434년) – **훈민정음 반포**(1446년) – **경국대전 완성**(1485년) – **무오**(1498년), **갑자**(1504년), **기묘**(1519년), **을사**(1545년), – **임진왜란**(1592년) – **행주 대첩**(1593년) – **병자호란**(1636년) – **삼전도의 굴욕**(1637년)

14쪽

[예시답]
1. ① 신사임당 ② 여류 작가, 율곡 이이의 어머니
2. ① 세종 대왕 ② 훈민정음 창제와 반포, 해시계와 앙부일구 등의 발명에 기여함. 김종서의 6진 개척과 이종무의 쓰시마 정벌을 명함.

3. ① 율곡 이이 ② 임진왜란 전에 십만 양병설 주장. 〈성학집요〉와 〈격몽요결〉 등 집필.
4. ① 퇴계 이황 ② 도산 서당(도산서원은 선조가 퇴계를 기려 짓게 한 서원)을 지어 학문에 뜻이 깊은 학생들을 가르쳤음.
5. ① 이순신 장군 ② 거북선, 한산도 대첩, 백의종군, 학익진 전법

15쪽

[정답]
흥인지문(興仁之門), 돈의문(敦義門), 숭례문(崇禮門), 숙정문(肅靖門) 또는 소지문(昭智門), 보신각(普信閣)

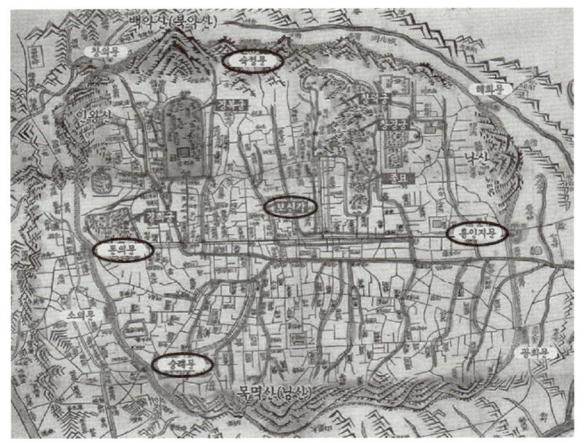

[예시답]
- **한양을 수도로 정했을 때의 장점** : 한양은 개경보다 아래쪽에 위치하여 날씨가 따뜻하고 농사지을 땅이 많다. 또한 한반도의 중앙에 위치하여 육로 교통이 편리할 뿐만 아니라 한강을 끼고 있어 수로 교통이 편리하여 무역을 하기에 적합하며, 사방이 산으로 둘러싸여 아늑하다.
- **한양을 수도로 정했을 때의 단점** : 개경에서 한양으로 수도를 옮기면 궁궐을 다시 지어야 하므로 막대한 노동력과 물자가 필요하다.

[길라잡이]
인·의·예·지·신(仁, 義, 禮, 智, 信)을 이야기해 보는 것도 학생들에게 도움이 될 것이다. 인·의·예·지·신은 사람이 마땅히 갖추어야 할 다섯 가지 덕목으로 어짊, 의로움, 예의, 지혜, 믿음을 뜻한다. 이런 의미를 사대문과 보신각에 새겼다고 할 수 있다. 그러나 사람들이 실제로 많이 다녔던 문은 4대문이 아니라 4소문(혜화문, 소덕문, 광희문, 창의문)이라고 한다.

[도움글]
숭례문 화재와 문화재 지위
질문 : 숭례문은 2008년 2월 10일 방화범이 불을 질러 90%가 불에 탔다. 복원된 숭례문은 문화재로서의 가치가 있을까?
답 : 구조물의 뼈대를 이루는 여러 가지 재료를 50% 이상 사용하면 문화재적 가치가 있다. 그런데 숭례문은 기존의 재료들을 60% 이상 사용하여 복원했다. 따라서 숭례문은 복원 후에도 문화재로서의 지위를 가질 수 있다.

16쪽

[정답] | 1. 문별 귀족
[길라잡이]
고려에는 음서제로 인해 관리들이 자신의 자식을 관리로 앉혔다. 관리들은 전시과라는 토지를 자식에게 물려주었다. 이것이 공음전이다. 문벌 귀족인 이들은 왕권까지도 위협했다.

[정답] | 2. 신진 사대부
[길라잡이]
사대부는 벼슬이나 문벌이 높은 집안의 사람을 이르던 말인데, 고려 말에 등장한 신진 사대부는 학문적 교양뿐만 아니라 정치적 실무 능력도 갖춘 학자적 관료들을 말한다. 신진 사대부는 원나라와 친한 권문세족과 대립하였다.

정답] | 3. 신진 사대부들은 원나라를 쇠퇴하는 나라, 명나라를 세력이 확장하는 나라라고 생각했다.

왕의 업적 연결

[정답] | 4.
태조 – 한양 천도
태종 – 훈민정음 창제, 집현전 설치와 국토 확장, 의정부 서사제
세종 – 경국대전 준비, 계유정난, 의정부 서사제에서 육조 직계제로 바꿈, 삼사(사헌부, 사간원, 홍문관) 성립
세조 – 호패법 실시와 사병 혁파 그리고 의정부 설치와 숭유억불(崇儒抑佛) 정책 실시

17쪽

[정답] | 5. 훈구파, 사림파(또는 훈구, 사림)
[정답] | 6.
성종 ⑥   연산군 ⑤   중종 ②   명종 ④   선조 ⑧
광해군 ①   인조 ⑥   효종 ②

18쪽

[정답] | 1. 태종
[정답] | 2.

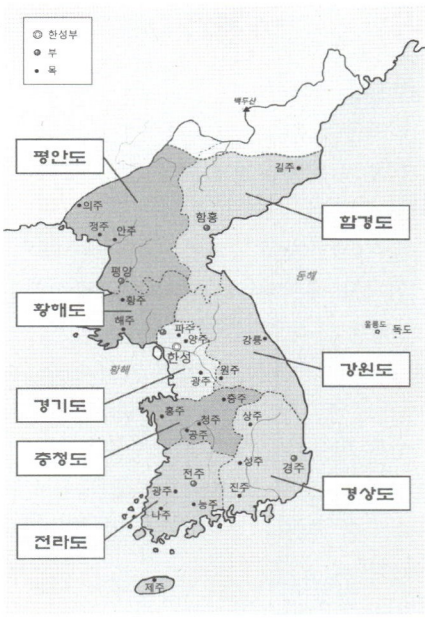

19쪽

[정답] |

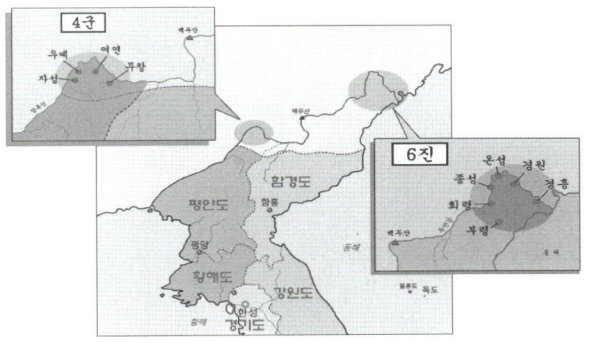

[정답]|
사군을 개척한 사람 : **최윤덕**
육진을 개척한 사람 : **김종서**

20쪽

[정답] | 칠정산, 자격루, 앙부일구, 간의
[길라잡이]
칠정산은 〈세종실록〉에 실려 있는 역법(曆法)에 관한 책. 조세 확보와 농업 생산 증대에는 천문과 역법에 관한 지식이 필수이다. 이 책에는 1년의 길이를 365.2425일로 계산한 것을 비롯해 일식과 월식, 행성의 운동 등에 관해 써 있다.

[정답]
양반 : 과거, 기와집, 글공부
중인 : 전문 기술직, 의사, 역관
상민 : 세금, 초가집, 농업과 어업
천민 : 악공, 광대, 양반의 재산으로 여김.

21쪽

첫 번째 그림 : 부부유별   **두 번째 그림** : 부자유친
세 번째 그림 : 장유유서   **네 번째 그림** : 붕우유신
다섯 번째 그림 : 군신유의
[정답] | 부자유친
[길라잡이]
학생들에게 오륜의 내용을 알게 하고 그것을 현재의 상황에 적용해 보게 함으로써 오륜의 내용을 체득할 수 있도록 지도한다. 예를 들면, 장유유서의 뜻을 알고 난 후에는 지하철이나 버스의 노약자석에서 장유유서의 정신을 찾아볼 수 있다. 오륜 가운데 맨 앞에 있는 것은 군신유의가 아니라 부자유친이다. 부모에 대한 효도가 임금에 대한 충성의 근본이라고 생각했기 때문이다. 전쟁이 나더라도 신하의 부모가 돌아가시면 임금도 신하를 전쟁터가 아니라 집으로 보냈다. 우리의 조상들은 '충'에 앞서 '효'를 중시했음을 알아야 한다.

22쪽

[정답]
송편-가을, 팥죽-겨울, 진달래꽃전-봄, 삼계탕-여름
떡국-설날, 송편-추석, 수리떡-한식과 단오, 오곡밥-정월 대보름
[길라잡이]
우리나라에는 달마다 다양한 세시 풍속이 있는데 음력 1월 1일 설날, 음력 1월 15일 정월 대보름, 음력 2월 1일 영등날, 음력 3월 3일 삼짇날, 동지에서 105일째 되는 날 한식, 음력 5월 5일 단오, 음력 6월 삼복, 음력 7월 7일 칠석, 음력 7월 15일 백중, 음력 8월 15일 추석, 음력 9월 9일 중양절, 음력 10월 20일 손돌날, 음력 12월 30일경 섣달그믐 등이 있다. 정월 대보름에는 오곡밥을 먹고, 한식 때는 차가운 음식을 먹으며, 추석에는 송편 등과 같이 풍속에 따라 특별한 음식을 해 먹었는데 이것을 세시 음식이라고 한다.

손돌날의 전설
고려 때 고종이 강화도로 피신할 때 손돌이라는 뱃사공이 자신을 험지로 유인한다고 오해하여 손돌을 죽였다. 그러나 손돌은 죽으면서도 바가지를 물에 띄워 안전한

뱃길을 알려 주었다. 왕은 무사히 강화도로 갔다. 10월 20일, 이날은 왕이 손돌을 위해 제사 지내 준 날이다.

영등날
음력 2월 초하룻날. 영등할머니가 내려온다는 날로 비가 오면 풍년, 바람이 불면 흉년이 든다고 전해지는 날이다.

23쪽

[정답] | 상례, 제례, 관례, 혼례

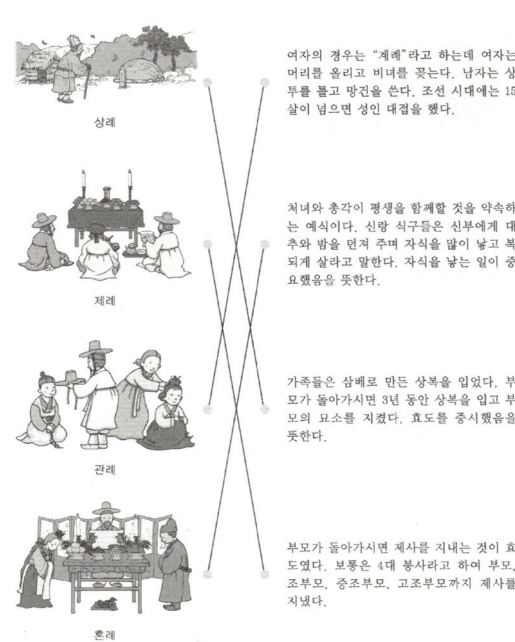

24쪽

[정답] | 성종, 100일, 15세, 14세, 90일

25쪽

[정답]
가로열쇠
① 앙부일구 ② 관혼상제 ③ 사대문 ④ 이성계
⑤ 자격루 ⑥ 하여가 ⑦ 문화재
세로열쇠
㉠ 부산진성 ㉡ 구관조 ㉢ 기제사 ㉣ 대첩 ㉤ 숙정문 또는 소지문 ㉥ 이율곡 ㉦ 계미자 ㉧ 초하루 ㉨ 가문

26쪽

[예시답]
① **고려 조정의 생각**
요동을 공격하여 고려의 매운 맛을 보여 주자.
② **이성계의 생각**
요동을 정벌할 것이 아니라 개경을 공격하여 새로운 나라를 세워야 할 때이다.

27쪽

이방원의 생각
우리와 뜻을 합쳐 나라를 다스리자.
정몽주가 이방원에게 보낼 답장 예시 1
여보게! 나는 고려의 충신 정몽주일세. 내가 충성할 임금은 언제까지나 고려의 임금이네. 나는 나라가 위태로워졌다고 배신하는 사람이 아닐세. 다시 한 번 말하겠네. 나는 고려를 배신할 수 없네!
정몽주가 이방원에게 보낼 답장 예시 2
지금 백성들은 권문세족의 횡포로 어렵게 살고 있소. 새로운 왕조를 건설하여 백성들의 삶을 편하게 할 수만 있다면 나 또한 자네의 의견에 동의하오. 내가 무엇을 도와주면 되겠나! 우리 함께 새롭게 시작하세!

[길라잡이]
이방원이 정몽주를 설득하려고 보낸 시조에 대하여 실제로 정몽주가 답장을 보낸 시조 '단심가'

> 이 몸이 죽어죽어 일백 번 고쳐 죽어 백골이 진토되어 넋시라도 잇고업고 님 향한 일편 단심이야 가실 줄이 이시랴

→ 이 몸이 죽고 죽어 백 번을 죽더라도, 내 뼈가 흙이 되어 넋이 있건 없건 고려를 향한 나의 마음은 변함이 없다.

28쪽

[정답]
네모 칸 : 27대.
제목에 알맞은 사자성어
② 선견지명 : 미리 내다보는 능력이 뛰어나다.

29쪽

[정답] | 백성을 가르치는 바른 소리
[정답]

| 양반, 관료 세력 | | 나랏일도 훈민정음으로 알려 주면 우리도 읽을 수 있으니 조선에 무슨 일이 일어나고 있는지도 알 수 있겠군! |
| 평민, 부녀자 | | 우리가 훈민정음을 사용하는 것은 중국을 버리고 오랑캐와 같아지는 거야! |

[예시답]
나는 훈민정음 사용에 찬성한다.
이유 : 배우기 쉬운 훈민정음을 사용하게 되면 백성들도 글을 알아 계약서의 내용을 알게 되어 억울한 일을 당하는 일이 줄어들 것이다.

나는 훈민정음 사용에 반대한다.
이유 : 모든 서적과 문서가 한자로 기록되어 있는데 훈민정음을 사용하게 하여 모든 서적을 훈민정음으로 다시 쓰게 하는 것은 비용과 노동력이 너무 많이 든다.
 훈민정음이 오랑캐의 글자라는 주장은 최만리와 같은 관료들의 주장이다. 이 말은 곧 훈민정음을 만들면 우리가 오랑캐가 된다는 이야기나 마찬가지이다.

30쪽

[정답]

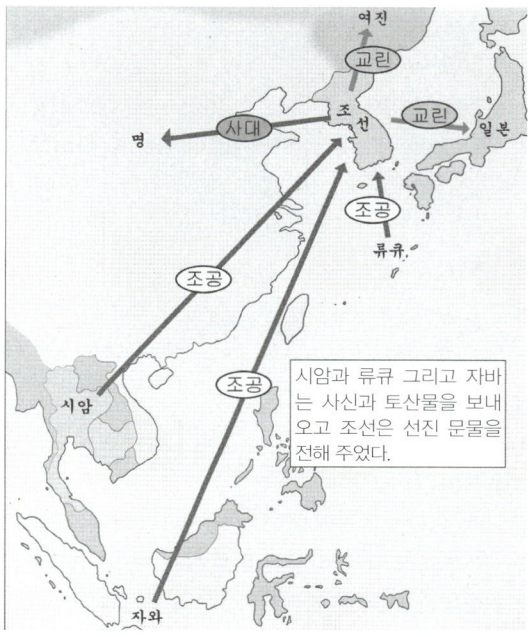

31쪽

[예시답]
조선 : 연산군 이후 당파 싸움으로 나라가 쇠퇴했고 선조 때의 붕당 정치로 나라의 기운이 약해졌다.
일본 : 도요토미 히데요시가 일본을 통일하고 명나라를 친다는 명분하에 조선을 침략하기로 했다.
명 : 점차 쇠퇴기를 걷고 있었다. 만력제(명나라 신종)는 사치가 심해 국가재정도 좋지 않았다.
여진 : 여진은 조선과 명나라의 통치에서 벗어나기를 희망했다. 그리고 명나라의 국력이 약해지기를 기다렸다.

[길라잡이]
 임진왜란이 일어난 직후 조선은 물론 조선에 출병했던 명나라도 국력이 약해졌다. 그리하여 이자성이 내란을 일으켰고 여진족이 세운 청나라가 명나라를 멸망시켰다. 일본도 임진왜란 말미에 도요토미 히데요시가 죽고 도쿠가와 이에야스가 정권을 잡았다.

32쪽

[정답]

33쪽

[정답]

34쪽

[예시답]
· 우리나라에 맞는 농업 기술을 최초로 정리한 책!
· 전라도, 충청도, 경상도 농부들의 실제 농사비법 정리!
· 볍씨 뿌리는 방법부터 농지 고르는 방법, 거름 주는 방법까지 모두 수록!

지도 시 유의점
〈농사직설〉에 관하여 제시된 내용을 읽고 설명하면서 중국과 다른 우리나라의 토지와 기후에 맞는 농사법을 담았다는 것을 강조하여 지도하도록 한다.

[길라잡이]
 정초가 쓴 〈농사직설〉의 서문에서와 같이 풍토가 다르면 농사법도 다르다. 따라서 우리나라에 맞는 농사법은

이미 간행된 중국의 농서와는 내용이 다를 수밖에 없다. 그래서 세종 대왕은 각 도 감사에게 명하여 각지의 농부들에게 땅에 맞는 농사법을 물어보게 하였다. 그 내용을 자세히 듣고 수집, 편찬, 인쇄, 보급한 것이 〈농사직설〉이다. 종래에는 지방의 지도자들이 중국의 옛 농서에 의존하여 권농하였으므로 실제로 풍토에 따른 농사법의 변경이 힘들었다. 그러나 〈농사직설〉은 지역에 맞는 농법을 수록하였다. 따라서 〈농사직설〉은 우리 실정과 거리가 있는 중국 농사법에서 탈피하여 우리만의 농사법을 개발할 수 있는 좋은 계기를 만들었다고 볼 수 있다.

35쪽

[예시답]
· 황윤길의 주장과 근거
주장 : 일본이 조선을 침략할 것 같다.
근거 : 일본이 많은 전투함들을 만들었고 만들고 있다.
· 김성일의 주장과 근거
주장 : 일본이 조선을 침략할 가능성이 낮다.
근거 : 도요토미 히데요시의 인상이 좋지 않다.

[길라잡이]
아이들이 어떤 주장을 하건 그 근거를 들어보고 그 근거가 적절하다면 그런 주장도 가능하다고 말해 줄 필요가 있다.

[예시답 1]
선조 임금의 판단
김성일의 주장이 옳다고 하더라도 전쟁에 대비할 것이다.
근거
국방을 튼튼하게 하는 것은 언제나 중요하다. 우리가 약간의 빈틈만 보여도 다른 나라는 호시탐탐 침략을 노릴 것이기 때문이다.

[예시답 2]
선조 임금의 판단 : 도요토미 히데요시와 친선을 도모하면서 그 의중을 확실하게 파악할 것이다.
근거 : 사신들의 의견이 다르다면 다시 한 번 사신들을 파견해서 그 의도를 분명하게 알아둘 필요가 있다. 싸우는 것보다 평화를 유지하는 일이 더욱 좋은 일이다.

36쪽

[정답]
한산도 대첩, 노량 해전, 명량 해전, 부산포 해전

[길라잡이]
해전이 일어났던 장소들은 지도 위에 표시되어 있기 때문에 교사나 학부모는 아이들에게 해전이 벌어졌던 장소를 지도 위에 직접 동그라미를 치도록 한다.

37쪽

[예시답]
나쁜 놈들! 나와 친구들이 나라를 지킬 것이다.

[예시답]
우리가 지금껏 행복하게 살 수 있었던 것은 모두 나라가 있었기 때문이다. 길동아! 관군이 우리를 구해 주기를 기다리기만 해야겠는가? 우리 청년들은 이곳의 지리에 밝으므로 지형을 이용하면 우리에게 유리한 작전을 펼칠 수 있을 것이다. 또한 왜군이 사용하는 조총의 단점을 이용하여 비가 오는 날 공격하면 승산이 있을 것이다. 나라가 위태로울 때 청년들이 나라를 지켜야 하지 않겠나!

[길라잡이]
우리나라에는 예로부터 많은 의병들이 있었는데 특히 임진왜란(1592년)과 을미사변(1895년)때 의병 활동이 활발하였다. 의병은 천민에서 양반에 이르기까지 다양하였으며 의병과 관군이 연합하여 진주 대첩, 행주 대첩처럼 크게 승리한 경우도 많았다.

38쪽

[정답]
1. 세종 대왕 2. 의병장 3. 민속 놀이 4. 태조 이성계

[길라잡이]
정도전은 조선 초기에 국가의 초석을 다진 사람이고 이방원은 태종으로서 이성계의 다섯째 아들이다. 이성계는 홍건적과 왜구를 물리쳤다. 그리고 위화도에서 회군하여 왕이 된 후에는 한양으로 천도하고 경복궁을 지어 나라를 다스렸다.

39쪽

[정답] | 정도전, 곽재우, 세조
[예시답]
학익진 전법 | 임진왜란 | 노량 해전 : 이순신 장군
여류 예술가 | 50,000원 권 지폐 | 율곡 이이의 어머니 : 신사임당

명함 만들기
이름 : 장영실
업적 : 세종 대왕의 명을 받들어 자격루, 혼천의, 간의 등의 과학 기구와 물시계인 자격루를 발명함. 조선 시대 최고의 발명가.

40쪽

[예시답]
1) 무엇보다도 임금이 훌륭해야 하고 정치인들은 자신의 이익보다는 나라와 국민의 이익을 우선 생각해야 한다.

2) 통치자가 아래 사람을 잘 뽑아야 하고 아래 사람의 말을 들을 때는 국가와 국민을 위한 말인지 정치인 개인의 이익을 위한 말인지를 생각해야 한다.
3) 정치적으로 아무리 나쁜 일을 했다고 하더라도 상대방 사람(정적)을 죽이지 않아야 한다. 정치는 어느 것이 진정으로 옳은지 모르고 역사적인 평가에 의해서도 옳고 그름을 가릴 수 있기 때문이다.

41쪽

[정답]
무오사화 : 김종직 〈조의제문〉을 빌미로 사림파가 화를 당함. 1498년(연산군 4년)에 일어남.
갑자사화 : 연산군의 친어머니가 죽은 사건으로 주로 사림파가 화를 당함. 1504년(연산군 10년)에 일어남.
기묘사화 : 훈구파의 음모로 조광조가 죽고 사람파가 화를 입음. 1519년(중종 14년)에 일어남.
을사사화 : 대윤파와 소윤파가 싸워 대윤인 윤임 일파가 화를 당함. 1545년(명종 즉위년)에 일어남.

[길라잡이]
사대 사화로 인해 많은 인재들이 죽었다. 이로 인해 조선 중기부터 나라의 힘이 약해졌고 결국 일본의 침략을 당할 수밖에 없었다. 정치를 할 때는 자신의 이익이나 상대방 사람을 죽이는 데 둘 것이 아니라 나라와 국민을 생각해야 하고, 세계정세가 어떻게 흘러가는지도 알아야 한다. 그렇지 않으면 결국 국가의 힘이 약해져 다른 나라의 속국이 되거나 자기 자신도 죽을 수 있다. 하나의 국가도 우물 안의 개구리가 되어서는 곤란하다. 우리의 눈은 세계를 향해 있어야 한다.

42쪽

[정답]
의정부 서사제는 왕의 힘이 너무 강하다고 생각할 때 필요하고 6조 직계제는 왕이 현명하거나 강한 통솔력을 요구할 때 필요할 것이다.

[예시답]
1) 태종 당시에는 의정부 서사제에서 6조 직계제로 바꾼 것이 옳았다고 생각한다. 왜냐하면 그 당시에는 신하들의 힘이 너무 강해 왕의 의도가 말단직까지 잘 전달되지 않았기 때문이다. 그리고 태종은 무력으로 왕위에 오른 만큼 자리가 불안해서 직접 통솔하는 것이 좋았다고 생각한다.
2) 나는 제도의 변경은 옳지 않다고 생각한다. 왜냐하면 그 이전에는 자신도 신하들의 힘이 세야 한다고 주장했다가 왕권을 잡자마자 왕의 힘이 세야 한다고 주장하면 모순되는 언행이기 때문이다. 그리고 왕의 힘이 너무 세면 독재가 되고 인권이 무시될 수밖에 없다. 실제로 태종은 많은 신하들을 죽인 사람이다. 따라서 나는 계속해서 의정부 서사제를 실시하는 것이 옳았다고 생각한다. 왕은 의정부의 인물들을 잘 뽑고 그들과 잘 의논해서 나라를 다스려도 큰 문제가 없고 민의를 잘 듣는 왕이 되었을 것이라고 생각한다.

43쪽

[예시답]
• 붕당 정치의 좋은 점은 국가 정책에 대해 토론을 하여 가장 좋은 정책을 택할 수 있다는 점이다. 미리미리 문제점을 검토할 수 있고 해결책을 제시할 수 있다. 그리고 통치자의 독재를 견제할 수 있다.
• 붕당 정치의 나쁜 점은 국가와 국민보다 자기편을 중시하고 통치자보다는 자기네 당의 이익을 우선시할 수 있다는 점이다. 정치는 국가의 발전과 국민의 행복을 우선해야 하는데 붕당 정치가 잘못되면 정치인 개인은 잘살 수 있을지 모르나 국가와 국민은 도탄에 빠질 수 있다.

44쪽

[예시답]
• **광해군의 고민은 무엇인가요?**
명나라의 요청에 따라 지원병을 파병할 것인지, 아니면 누구도 도와주지 않고 전쟁에 휘말리지 않을 것인지 고민하고 있다.
• **여러분이 광해군이라면 어떤 결정을 내렸을까요?**
1) 의리를 지켜 명나라에 군사를 보내 주었을 것이다.
2) 후금이 강성해질 것을 고려하여 어느 편도 들어 주지 않았을 것이다.
• **실제로 광해군은 어떻게 하였는지 조사해 보세요.**
후금과 명나라의 전쟁에서 명나라가 질 것이 뻔하였다. 그래서 광해군은 조선의 군사를 지원하지 않고 끝까지 버텼다. 하지만 명나라의 끈질긴 요구로 할 수 없이 1만여 명의 군사를 지원하게 되었다. 그러나 광해군은 군사를 이끌고 떠나는 강홍립에게 상황을 살펴서 명나라가 불리해지거든 후금에 항복하고 조선 군사의 피해를 최소화하라는 명령을 내린다. 강홍립은 이를 실천했다. 그리하여 조선은 명나라와 후금과의 전쟁에 휘말리지 않게 되었다. 이것을 광해군의 중립 외교라 한다.

45쪽

[예시답]
'정묘호란', '병자호란', '삼전도의 굴욕', '효종(봉림대군)', '북벌 정책'

[길라잡이]
물론 여기서 '북벌 정책' 대신 '소현 세자'를 택해도 무방하다. '소현 세자'와 '봉림 대군'을 비교할 수 있기 때문이다. 위 글의 핵심을 이야기할 수 있다면 어떤 것이든 무방하다고 하겠다. 따라서 아이들이 고른 단어들이 어떠하건 그 이유를 들어보고 적절하다고 판단하면 칭찬해 줄 필요가 있다.

만약 아이들이 다섯 단어를 고르기 어려워한다면 아홉 개를 고르게 할 수 있다. 이런 경우에는 '후금', '조선', '정묘호란', '명나라', '청', '병자호란', '삼전도의 굴욕', '효종(봉림 대군)', '북벌 정책' 등이 될 수 있다. '후금' 대신 '여진족'을 선택해도 좋고, '북벌 정책' 대신 '소현 세자'를 선택해도 좋다. 더 나아가 아이들에게 세 개만 선택하라고 해 볼 수도 있다. 이 경우에는 '병자호란', '삼전도의 굴욕', '북벌 정책'이 좋을 것이다. 전체의 핵심을 파악하는 것이 중요하다.

[예시답 1]
나는 효종의 생각이 옳다고 생각한다.
왜냐하면 삼전도의 굴욕에 대한 복수를 해야 하기 때문이다.

[예시답 2]
나는 소현 세자의 생각이 옳다고 생각한다.
왜냐하면 조선의 힘이 아직 약하고 북벌 정책을 펴더라도 국력이 강해진 후에 실행해야 할 것이기 때문이다.

[길라잡이]
어떤 쪽 주장을 하더라도 교사나 학부모는 그 주장을 존중해 줄 필요가 있다. 한쪽의 주장이 정답이 될 수 없고, 그 이유가 그럴 듯하면 어떤 주장이든 설득력을 갖기 때문이다.

46쪽

[예시답]
- **인물**
  · 이성계 – 위화도 회군 – 신진 사대부
  · 장영실 – 자격루 – 측우기 – 세종대왕
  · 최만리 – 훈민정음 사용 반대
  · 이순신 – 임진왜란 – 학익진 전법 – 노량 해전
  · 중종 – 조광조 – 개혁정치 – 기묘사화
- **유물**
  종묘, 혼천의, 간의, 자격루, 훈민정음, 경복궁, 흥인지문, 돈의문, 숭례문, 광화문, 경국대전, 삼강행실도 등
- **신분**
  · 양반 – 기와집 – 과거 – 글공부 – 사서삼경 – 사대부
  · 중인 – 관청 – 전문직
  · 상민 – 초가집 – 농민 – 세금 – 군역
  · 천민 – 노비 – 양반의 소유물

- **중요사건**
  정묘호란 – 병자호란 – 청 – 삼전도의 굴욕 – 효종의 북벌정책
  위화도 회군 – 이성계 – 고려 멸망 – 조선 건국
  훈민정음 반포 – 세종 대왕 – 집현전 – 정음청 – 우리글
  임진왜란 – 토요토미 히데요시 – 이순신 장군 – 한산도 대첩

[길라잡이]
마인드맵을 효과적으로 활용하기 위해서는 주가지와 부가지를 잘 이용해야 한다.

47쪽

[예시답 1]
- **가장 닮고 싶거나 자랑하고 싶은 인물** – 장영실
- **이유** – 조선의 과학 기술이 훌륭하다는 사실을 증명했기 때문이다.

[예시답 2]
- **가장 닮고 싶거나 자랑하고 싶은 인물** – 이순신
- **이유** – 왜놈들에게 조선 수군이 막강하다는 것을 보여 주었기 때문이다.

[예시답 3]
- **가장 닮고 싶거나 자랑하고 싶은 인물** – 율곡 이이
- **이유** – 임진왜란 전에 십만 양병설을 주장했고, 학자로서 훌륭한 책을 많이 남겼기 때문이다.

48쪽

[길라잡이]
어떤 사건을 중요하다고 생각하느냐 하는 문제는 그다지 중요하지 않다. 시각은 저마다 다를 수 있기 때문이다. 그러나 그 사건을 선택한 이유가 적절하지 않다면 문제가 된다. 교사나 학부모는 이것을 명심해야 한다.

[예시답 1]
- **가장 인상적이거나 의미 있는 사건** – 훈민정음 반포
- **이유** – 우리나라 사람들이 지금까지 우리 고유의 말과 글을 사용할 수 있도록 한 사건이기 때문이다.

[예시답 2]
가장 인상적이거나 의미 있는 사건 – 사대 사화
이유 – 이때부터 조선의 국력이 약해졌고 당파 싸움으로 인해 많은 인재들이 죽었기 때문이다.

[예시답 3]
가장 인상적이거나 의미 있는 사건 – 병자호란
이유 – 조선이 청나라에게 짐으로써 삼전도의 굴욕이라는 치욕을 겪을 수밖에 없었기 때문이다.

리더를 위한
역사 논술
③